公認心理師の基礎と実践 9

野島一彦・繁桝算男 監修

感情・人格心理学

杉浦義典 編

遠見書房

巻頭言

心理学・臨床心理学を学ぶすべての方へ

　公認心理師法が 2015 年 9 月に公布され，2017 年 9 月に施行されました。そして，本年度より経過措置による国家資格試験が始まります。同時に，公認心理師の養成カリキュラムが新大学 1 年生から始まります。

　現代日本には，3 万人を割ったとは言えまだまだ高止まりの自殺，過労死，うつ病の増加，メンタルヘルス不調，ひきこもり，虐待，家庭内暴力，犯罪被害者・加害者への対応，認知症，学校における不登校，いじめ，発達障害，学級崩壊などの諸問題の複雑化，被災者への対応，人間関係の希薄化など，さまざまな問題が存在しております。それらの問題の解決のために，私たち心理学・臨床心理学に携わる者に対する社会的な期待と要請はますます強まっています。また，心理学・臨床心理学はそのような負の状況を改善するだけではなく，より健康な心と体を作るため，よりよい家庭や職場を作るため，あるいは，より公正な社会を作るため，ますます必要とされる時代になっています。

　こうした社会状況に鑑み，心理学・臨床心理学に関する専門的知識および技術をもって，国民の心の健康の保持増進に寄与する心理専門職の国家資格化がスタートします。この公認心理師の養成は喫緊の非常に大きな課題です。

　そこで，私たち監修者は，ここに『公認心理師の基礎と実践』という名を冠したテキストのシリーズを刊行し，公認心理師を育てる一助にしたいと念願しました。

　このシリーズは，大学（学部）における公認心理師養成に必要な 25 科目のうち，「心理演習」，「心理実習」を除く 23 科目に対応した 23 巻からなります。私たち心理学者・心理臨床家たちが長年にわたり蓄えた知識と経験を，新しい時代を作るであろう人々に伝えることは使命であると考えます。そのエッセンスがこのシリーズに凝縮しています。

　このシリーズを通して，読者の皆さんが，公認心理師に必要な知識と技術を学び，国民の心の健康の保持増進に貢献していかれるよう強く願っています。

　2018 年 3 月吉日

　　　　　　　　　　　　　　　　監修者　野島一彦・繁桝算男

はじめに

　本書は，感情心理学とパーソナリティ心理学[注1]のテキストである。学部の専門科目である「感情・人格心理学」の教科書としての利用をおもな用途と考えている。同時に，卒業論文を執筆中の学部学生や大学院生の方など，心理学の学習のより進んだ段階の人にも，復習やさらなる学習のために用いることができるようになっている。もちろん，公認心理師の資格試験を受験するときにも使っていただける。資格試験を受験するときは，おそらくはすでに現場で多忙な日々を送っているであろう。一夜漬けで暗記することにも限界を感じるころかもしれない。そんなときにこそ，本書は助けになるはずである。本書は何よりも考えて理解することを重視している。そのように知識の基盤を固めたら，あとは事項の暗記は通勤電車の中やトイレの中ででも構わない。それまでばらばらだった事項を整理するプラットフォームがあれば，暗記の負担は大幅に減少する。

　学びは続くものである。本書はその時々に見直していただくことで，そのときに応じた学習効果があるようになっている。このように自信をもってお勧めできる理由は，本書のすべての章が，感情や人の個性（パーソナリティ）を理解したいという問題を設定し，それを解決しようとする営みを紹介する，という視点で書かれているためである。第一線で研究をされている先生方に執筆をお願いした。日々，研究という問題解決に励まれているなかから執筆いただいたことで，自然にそのようなものになっている。学習する方にとっても，問いをもちながらテキストや講義に向き合い，理解できた，という体験を経た知識は，定着しやすく，さらに新しい知識を吸収する基盤ともなる。

使いながら学ぶ

　序章に本書を理解するためのヒントや本書の見取り図をくわしく述べてあるため，はじめには最小限にとどめようと思う。ただ，1つだけ，ここで学ぶ人へメッセージを送るならば，ぜひ知識を使いながら学んでほしいということである。

　感情心理学とパーソナリティ心理学はともに臨床心理学の基盤となっている。

注1）　書名も「感情・人格心理学」であり，おそらくは同名の講義で用いられることが多いだろう。はじめにと序章では，パーソナリティ心理学という言い方をしているが，人格心理学と違うものというわけではなく，学術的にはパーソナリティという用語が一般的であるためである。言い換えれば，公認心理師の資格を目指さない方，たとえばパーソナリティ心理学の研究者になろうという方にも，十分有用な教科書となっている。

臨床現場で働いている方も，本書を読んでいただければ，目の前のクライエントを理解するための助けとなるであろう。多数の参加者を対象とした実験や調査から導出された感情心理学やパーソナリティ心理学のモデルは，機能分析やケースフォーミュレーションを行うためのガイドとなる。

　また，卒業論文や修士論文で，調査データを扱うことは多いだろう。いろいろな質問紙があるのだけれど，どれを使うとよいのか。あるいは，発表会で先生に分析について質問をされたのだけれど，どんな意図があるのだろうか，どのように答えたらよいのか。たとえば，2つの尺度の関連をXがYに影響するというモデルで分析したところ，「YからXに影響するではないのか」という質問を受けた。じつは，このような議論はその場で思いついた印象ではなく，感情やパーソナリティの理論，さらにそれらに共通する「原理」に基づいていることが多い。その原理がわかれば，議論も実り多いものになる。学位論文の執筆に限らず，臨床現場では心理学の専門家にデータの解析や，アセスメント法についての相談がなされることも多い（意外と知られていないことだが，医療現場では「心理の人＝統計のできる人」というイメージをもたれることが多い）。

　公認心理師の資格試験が施行され，試験対策の書籍もいろいろ登場している。どの本なら信用できるか。それらを読んでもよくわからないときにどうするか。ネット上の知識も，暗記用の教材もそれ自体がよいとも悪いともいえない。ただ，有用性や信憑性にばらつきが大きく，信頼できるものであってももともと用途が限られているというだけである。本書で培った知識があれば，多数存在する「断片的な情報」もそれなりに有効に利用できるようになるであろう。

　最後に，理解することに重きをおいた本だからできることをもう1つ。たとえば，心理学は教養科目だけのつき合いという学生や読書好きの方が楽しむための本としても適している。グループディスカッションの教材としてもお勧めだ。たとえば，最近ある自治体では条例でゲームをやっていい上限時間を決めたという。その是非はいかがなものであろう？　このような社会的な問いに答えるためにも役立つだろう（ヒント：第4章）。

　このような問いに答えることは，公認心理師としての社会貢献にも応用できる。もちろん，実践の場でクライエントから問われることもある。たとえば，次のような問いである。

・＊＊（診断名）は遺伝のせいなのですか，育て方のせいなのですか，治らないのですか

・他の病気ではなく，なぜうつ病になるのですか

　素朴な問いこそ最も答えるのが難しくもあり，またそれに答えたいという気持ちが，専門家として心理学を社会に還元しようとする動機の根底にあるのではないだろうか。ただし，くれぐれもすぐに答えようと焦らないようにしていただければと思う。これらの問いは，じっくり学ぶための長期目標である。

　2020 年 3 月

杉浦義典

目　　次

第4部　人格の類型，特性等

公認心理師の基礎と実践

第9巻　感情・人格心理学

感情・人格心理学を学ぶということ

杉浦義典

➤ *Keywords*　感情, 人格, パーソナリティ, 特性, 状態, 次元, カテゴリー, 精神病理, 適応

　「公認心理師の基礎と実践」シリーズの『感情・人格心理学』を手にとっていただき，ありがとうございます。数ある教科書のなかで，本書を選んでいただいたというご縁はとても貴重なものである。公認心理師という国家資格とそれに対応した公式のカリキュラムがあるのだから，同じ名称であればどの教科書を手にとっても同じ，と期待されるかもしれない。本書に関していえば，それはよい意味であてはまらない。

　学問は多くの人や文献との出会いから成り立っている。円周率の数字列をとことん求め続けていけば，そこには書物，音楽，などあらゆる人間の創作物に対応する情報が含まれているという。この話自体は夢があるものの，実際に専門家や学者として生計を立てている人であっても，世界に存在するすべての情報に触れたことはない。その意味では，偶然あるときにある書物に触れた，という出会いは，時にその時点では気づかぬような影響をその後の人生に与えるものである。編者自身も，学部4年間の半分以上は，将来はユング心理学を専門としているだろうと思って過ごしていた。高校時代は，法律家になる将来を疑わなかった。いまは，どちらも片鱗すらないが，逆に今日の研究につながるような，とても大切な出会いが大学時代はもちろん大学院時代にもあったためである（その縁が，直接・間接にこの教科書を成り立たせている）。

　この序章は，この教科書をどのように使ったらよいのかの簡単なガイドである。もし，この序章がわかりにくいと思えば，本文をご覧いただければ，答えは見つかるようになっている。本書を通読した後に，序章を再び読んでいただければ，自分の理解を確かめることもできる。

I　使い込むためのオールマイティな教科書

国家資格に対応したカリキュラムといえば，専門家やその集団（学術団体）が自信をもって勧められる内容であると期待するのは自然である。残念なことに感情・人格心理学についてはそうではなかった。ブループリントと呼ばれる資格試験の出題方針を見た。そこには，ただ多数の事項を暗記させるだけの科目があった。どのようなロジックが背景にあるのか，その概念はどのように我々の人間理解を助けてくれるのか，といった問いを抱く余地は与えられなかった。

そういう制度なのだから，そういう教科書を作ればよいのだろうか。ご存じのように，大学で授業を担当するための免許のようなものはない。教える内容について学問的な見識があることだけが資格である。学問的な水準をないがしろにすることは自分のアイデンティティや責任を否定することと同じである。編者としては悩むことは何もなかった。学問に携わるものとしてすべきことをするのみである。

では，学問的にきちんとしているとは何か。この教科書はあくまで学部の授業で用いられるためのものであるから，特段，堅苦しい大上段に構えたことをいうつもりはない。2つの条件があればよいと考える。将来，臨床の現場に出たときにクライエントを理解する助けになる知識が身につくことと，卒論や修論を書く助けになること，である。こういうと，ひょっとしたら公認心理師の国家試験や大学院の受験を考えている人は不安を感じるかもしれない。だが，受験本のオーラは皆無の教科書であるが，心配は不要である。いま述べた2つの条件がそろった内容を学習することで「受験」や「就職活動」に対処する程度の力は身につく。逆に，単なる暗記科目からは，2つの条件を備えた知識が生じることはありえないし，肝心の受験への対応も難しくなる[注1]。

幸い，最先端の研究をされている先生方にご執筆をいただくことができた。「試験にでる心理学」シリーズで著名な先生もいらっしゃる。しかし，あくまで受験のプロとしてではなく，パーソナリティの研究者としての見識でお願いした。豪華な執筆者の先生方にお願いできた点には自信がある。ゆえに，この教科書の効

注1）　すぐに使える知識という言葉は，すぐに食べられる冷凍食品のようなイメージがあるので，あまり好まない。知識はあくまで調理用具である。使いやすいものは最高であるが，あくまで調理（つまり，自分で考えること）をしなければ，食物は生まれない。自分で考えるのにとても役に立つ知識を集めた教科書だという自負はあるが，考えずにそのまま出せばよい知識は入っていない。

用はもう1つある。第1章の動機づけの解説を参照いただきたいのだが，学習動機（やる気）のうちで，学ぶ人が最も充実感を感じられ，なおかつ高い成果が期待できるのは内発的動機づけというものである。これは，学んでいる内容が本当に大事であり，面白いと感じられることである。試験や成績というのが，人に勉強を無理強いする無敵の方法であることは誰もが知っている。しかし，それはもろいもので，もう二度と勉強などしたくないという思いにもつながる危険をはらんでいる。

II　感情・人格心理学

感情心理学と人格心理学が近しい分野であることは確かである。自分の研究を学会で発表するとき，「情動・動機づけ」と「人格」のどちらの分野で発表しようか迷うことも多い。それぞれの分野で日本を代表する『感情心理学研究』と『パーソナリティ研究』という2つの学術雑誌の双方に掲載された論文のある心理学者も多い。ただ，感情・人格心理学という科目でなくても，感情・社会心理学や人格・社会心理学といった科目であってもよかったはずである。たとえば，アメリカの学術雑誌で非常に影響力の高い *Journal of Personality and Social Psychology*（『人格・社会心理学ジャーナル』）というものがある。人格・社会心理学でなかったのは不思議ですらある。

これまで，感情心理学と人格心理学が，同一の科目になることはほぼなく，心理学概論の教科書でこの2つが1つの章になることもなかった。このように，少なくとも，感情心理学と人格心理学を1つの科目にするという伝統があるわけではないが，少なくとも本書については無関連な内容を列挙したものではない。第1章～第7章が感情心理学，第8章～第12章が人格心理学と区分できるが，ほぼ「引っ掛かり」なく通読していただけるものになっている。本書の各章にはそのための工夫がある。おそらくそこが過去の多くの教科書（とくに人格心理学と銘打ったもの）とは異なる点である。ちまたに溢れる人格心理学の教科書は，つながり，ロジック，考えること，といった要素を注意深く取り除いてある。互いの関連を抜き去った人名や概念名を暗記することのみを求めている。この世でチャーハン以外に，バラバラでくっつかないことに価値があるものがあるとは考えにくいが，そんな科目に対する学生の評判は意外と悪くない。論文を購読したり，実験レポートを論理的に書いたり，といった新奇な課題と奮闘する日々でご無沙汰だった「暗記」という旧友に会える喜びだろう。10代の日々をともに過ごした

アイツ。電車の中でもいつも一緒だったっけ。でも最近ちょっと元気がなさそうだ。発達心理学を学べば気づくだろう。アイツはまもなく君のそばを去ってしまう。やがてチャーハンのようなパラッとした知識は脳が「もたれて」受けつけなくなる。お互いに結びついた知識や，それらを組み合わせて何かを編み出すスキルがこれからの人生の伴侶になる。

　以下では，その結びつきを理解し，本書を読み進める助けとするためのガイドを述べたい。少し，進んだ内容が出てくるかもしれない。用語等を解説していない部分もあるし，引用が明示されていない部分もある。それらは本文を読んでいくなかで見つけてほしい。この序章は本書を読んでいる途中で，また，読み終えた後も再び戻っていただくと理解の助けとなるだろう。

▮ III　感情とパーソナリティのダイナミックなメカニズム

　パーソナリティというものが「人の固定的な性質である」と捉えたうえで，「人はもっと柔軟なものだ。固定的な性質などあるわけないし」と批判する意見を耳にすることがある[注2]。そもそも固定的な性質というパーソナリティ観をもって研究をしている心理学者などいないのだが，パーソナリティ心理学者はこのような意見も一蹴せずに真剣に応えるために尽力してきた。その結果，現在では状況や成長によって刻一刻と変わる行動と，その根底にあるパーソナリティ特性とのダイナミックな関係に関するモデルが登場するようになった。第10章には，現在のパーソナリティ心理学という分野の礎を築いたオールポート（Allport, 1937）の定義が，格調高い解説とともに紹介されている。「特性というのは一般化され，そして焦点をもつ（個人に特有の）精神神経的な体系であり，多くの刺激を機能的に等価たらしめ，適応的，表出的行動に一貫した（等価な）形態をもたらし行わせる能力をもつものである」。第10章でも述べられるとおり，現在に至るまでのパーソナリティ心理学の仕事は，統計解析，認知科学，脳科学，進化論などの進歩をふんだんに織り込みながら，この定義を具体的なものにすることといってよい。

注2）　科目名には人格心理学という文言が入っているが，パーソナリティ心理学という方が学術用語として適切である。人格という言葉は価値判断を含んでいるため，学術研究ではパーソナリティという用語が使われ，人格という言葉はほとんど使わない。ただし，用語が混乱しているのではないかという懸念は不要である。「人格心理学」は科目名としての便宜的な言葉にすぎない。「＊＊特論III」「○○学A」といった文言と同じで，授業の時間と教室を間違えなければ十分である。

人の行動が生起するダイナミックな過程と，その根底にあるメカニズムを明らかにするという研究において，感情心理学とパーソナリティ心理学はお互いを必要とした。パーソナリティ特性は個人に特有のメカニズムであると同時に「適応的，表出的行動に一貫した（等価な）形態をもたらし行わせる能力をもつ」とされるように，そこから行動が生まれるというダイナミックな過程があってはじめて分析することができる。動機づけ（motivation）や感情（emotion）はパーソナリティから行動を生み出すメカニズムといってもよい。いずれも motion（動き）に由来する moti という文字列を含んでいる。心の中にある「精神神経的な体系」から「行動（motion）が出て（e-）くる」ために不可欠なのが emotion であり，motion をさせる＝ motivate するものが motivation である。

　感情は，外界で起きていることや，身体の内部，心の内部で起きていること，さまざまなことをきっかけにして生じる[注3]。生じてくる感情には主観的な体験のみでなく，行動の準備状態や生理的な変化も伴う。感情は熟考せずとも短時間で生じるが，刺激から受動的に誘発されるものではない。環境の刺激と感情とをつなぐメカニズムはさまざま提唱されている（第2章，第3章，第7章）。たとえば，感情は時々刻々と身体の内外を流れ行く多くの情報がいくつかの階層にわたって表象され，統合されたものというモデルがある（第7章）。そのような複雑な処理を行うシステムであるから，個々人によって設定が異なる。オールポートの人格の定義は，特定の設定をもつパーソナリティ特性というシステムの構造と，それを行動につなげるダイナミックなプロセスの双方を考慮しなければならないことを意味している。そのダイナミックなプロセスこそが感情や動機づけであるといってよいだろう。感情が生起したり，実際の行動が顕現しない限りは，パーソナリティは観察すらされない。だからといって，存在しないというのは早計である。

　いつも同じことをしていることがパーソナリティなのではなく，個々の感情や行動を生み出す「装置の設定」に一貫性があるということがパーソナリティなのである（一貫性をめぐる議論に関しては，第10章でくわしく検討されている）。ギターという楽器でたとえてみよう[注4]。有名なギタリストの寺内タケシいわく「半世紀以上ギターを弾いてきて1つだけわかったことがある。ギターは弾かなきゃ音が出ないんだ」。パーソナリティ特性は感情や行動という形で「弾かれない」

注3）　感情や情動という用語は，理論によって使い分けが異なる。そのため，本書であれ他の文献であれ，その文脈における用法や定義に注意しながら読んでいただければと思う。ただ，区別せずに使っていることもある。

限り行動の特徴として顕現することはない。一方，状況や時間のバリエーションによって，行動がどんどん変わろうとも，個々人は自分のもっている構造の設定の範囲内で環境を理解し行動している。すると「こういう状況では，このような行動」といった状況と行動との結びつきに一貫性も生じてくる。ストラトキャスターとレスポールは最も広く使われているエレキギターである。もちろん，演奏する人の技術や演奏される曲は千差万別であり，それこそが音楽ファンが追い求めているものであろう。しかし，誰が何を弾いても，レスポールはレスポールの音，ストラトキャスターはストラトキャスターの音がする。パーソナリティとはいわばギターの機種といってもよいだろう。第1章の強化感受性理論や第10章で述べられる特性論は，シンプルな構造から多様な行動が表れることを説明している。マンガ『BECK』の登場人物は言う。「ギターってのはたった6本の弦を伝わって出てくる人間性なんだ」。人格の弦は，現行の主流モデルでは5本（ビッグファイブ）である[注5]。

　第1章では，文字通り「動き（motion）」を生じさせるメカニズムである動機づけに焦点をあてている。人が行動を起こすことに影響する変数は多様である。と同時に，その根幹には望む結果のために積極的な行動を起こす接近動機づけと，望まない結果を避けるために行動を控える回避動機づけがある。この2つの動機づけは，生物学的にもメカニズムが区分できるものであり，接近と回避への動機づけを軸にすえた強化感受性理論が紹介されている。接近と回避の動機は，それぞれポジティブ感情，ネガティブ感情を伴いやすい。そのため（後述するように）近年の精神病理学の研究では，ポジティブ価システムとネガティブ価システムという2つのメカニズムを分けたうえで，それぞれについてどのような機能不全が生じたら，どのような精神病理が生まれるのかという研究が推奨されている。

注4）　コンピュータは認知科学の登場以来，人間の心のメタファーとして不動の地位を誇っていたが，最近の多くのユーザーにとっては，出荷時のスペックや初期設定の違いと言われても，実際に使用しているうえでは違いを実感しにくいように思われる。むしろ，調理器具や楽器のような「手仕事」を含むメタファーの方が，構造とプロセスを理解する助けになるだろう。

注5）　生物学的アプローチを好むテクニカルな人には3弦モデル（アイゼンクやテレゲンの特性論，表1），人間の道徳性などを研究するソウルフルな人には6弦モデル（HEXACOモデル，第10章）が人気なようだ。

■ IV　パーソナリティというシステム

　オールポートによるパーソナリティ特性の定義から始まる議論の中で，パーソナリティというものが固定的な属性ではないことと，感情がその語源からも「動き」を生み出すメカニズムであることを察していただけたと思う。ダイナミックなプロセスとその土台となるシステムについてのモデル（あるいはもう一段抽象度を上げて，原理といってもよいかもしれない）があれば，さまざまな研究知見や概念の相互関連の理解も飛躍的に向上する。

　パーソナリティ心理学や感情心理学で，そのような原理の源泉は大きく２つある。第１に，特性と状態の区別である。スピールバーガー Spielberger, C. D. の特性 – 状態不安の理論では，個々の状況で生じる不安反応（状態不安）と，不安を感じやすくするパーソナリティである特性不安が区別されている。その両者を区別して測定する State-Trait Anxiety Inventory（STAI）は非常に広く用いられる質問紙である。特性不安は繰り返し測定しても得点が安定している（再検査信頼性が高い）のに対して，状態不安は試験前などに上昇する。特性不安は不安を感じたエピソードの平均や概括ではなく，さまざまな状況で脅威が知覚されやすく，心拍増大などの心身の反応が出やすいという個人の中にあるメカニズムを示すものである。感情とパーソナリティのつながりを示す古典ともいえる。

　もう１つは認知心理学のもろもろの理論モデルである。これはきわめて多様なものを含んでいる。個々の実験は扱う変数を絞って行うが，そのような実験の着想は，さまざまな処理が行われる構造（アーキテクチャ）を想定しながら行う。動きと構造を説明できるだけのスコープの大きいモデルを念頭におく研究のスタイルは，感情・人格心理学を学ぶときに，個々の概念をつなげる「設計図」あるいは「ヒント」となる。認知的評価理論（第６章）の応用である認知行動療法のモデルでも，さまざまな状況で生じるネガティブな感情の直前に生じる認知的評価という状態的な反応と，さまざまな状況でネガティブな認知的評価を生じやすくする長期記憶中にある知識表象（スキーマ）を区別している。認知心理学の知識があれば，非常にわかりやすく応用可能性の高いモデルであることがわかる。

　本書の第12章では，パーソナリティを３つのレベルで区分して捉えるマクアダムス McAdams, D. P. の理論が紹介されている。「気質的特性」（dispositional traits），「特徴的な適応」（characteristic adaptations），「ライフ・ストーリー」（life stories）という３つのレベルである。これは，より特性的なものから状態的

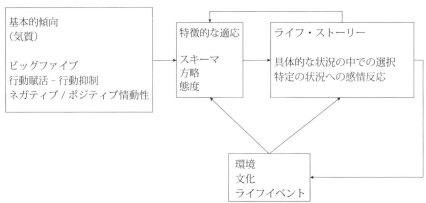

図1 3つのレベルを区分したパーソナリティのシステム（MaCrea ら，McAdams ら，本書第12章に基づき作成）

なニュアンスも含むものへという区分といえる。ビッグファイブに基づいた，非常に広く用いられているパーソナリティ尺度（NEO-PI-R）を開発したマクレーら（McCrae et al., 1999）の理論も同様の3つのレベルを区分する。そこでは，ビッグファイブで表現される基本的な傾向性（basic tendencies；気質的特性に相当）が，外的な環境とともに，その人が適応のために用いる方略のレパートリー（特徴的な適応）に影響するというプロセスを想定している。ビッグファイブで表現される基本的な傾向性が，外的な環境とともに，その人が適応のために用いる認知，感情，行動のレパートリーである特徴的な適応に影響する。自己像もスキーマという形で特徴的な適応の一部を構成する。行動に直接影響するのは，適応方略のレパートリー（特徴的な適応）であり，これはある程度時間的に安定しているものの，変化もしうる部分である。

■ V 次元とカテゴリー

　パーソナリティ心理学においては，特性という用語が2つの意味で用いられる点に注意が必要である。1つは，時々刻々と変化する反応である状態との対比で，それらの反応の背景にあるメカニズムという意味での特性である。たとえば，状態不安と対になる意味での特性不安である。これはいうなれば，パーソナリティと同義といってもよい。同じ意味であれば冗長に見えるかもしれないが，これまでも述べたように，パーソナリティは，リアルタイムで刻々と変化する感情や行

動と関連づけなければ論じることができない。いま議論をしているものが，特性か状態かという区分は，繰り返し確認するくらいでちょうどよい。もう1つは，パーソナリティをいくつかのタイプに分類し，1人の人はいずれかのタイプに属するとする類型論との対比で，連続した（複数の）次元上の程度の差としてパーソナリティを表現する特性論という記述の形式である。いうなれば，パーソナリティのカテゴリカルなモデルと次元モデルの対比といってもよい。第10章と第11章では，それぞれ記述の形式という意味での特性論と類型論について述べられている。

　記述の形式は，メカニズムの解明がその後どのように進むのかにも影響する。パーソナリティ心理学は歴史的には，類型論から特性論という順序で発展してきており，現行のパーソナリティ理論はほぼ特性論であるといってよい。因子分析，重回帰分析など今日のパーソナリティの研究を支えている統計手法は，いずれも連続した次元という形のデータを扱うことに向いている。ビッグファイブのようなパーソナリティ理解の枠組みや，パーソナリティに遺伝がどの程度影響するか（第8章，第9章）といった知見が統計解析によって得られたのは，特性論であるから可能になったものである。とはいえ，類型論をたんなる歴史的な概念とするのも早計である。心理学で用いられる多くの統計手法が，次元データに向いているということは，現行の統計手法がカテゴリカルなデータの分析が苦手だということでもある。第11章には，カテゴリーと次元を相互に変換したり，また，そもそもカテゴリーと次元のどちらがデータに適合しているのかということを統計的に検討する方法についても述べられている。特性論と類型論は技術の発展によってそれぞれの長所，短所も変化する可能性がある。

　次元とカテゴリーという区分は，感情についてもあてはまる。怒り，恐れ，悲しみ，楽しさ，嫌悪，関心といった感情は，それぞれ固有のメカニズムと現象的な性質をもったカテゴリーであるとするのが第2章で述べられる基本感情理論である。とりわけ感情を表出する表情は，文化を通じて共通している（時に他の動物とも共通している）という知見がある。また，感情という反応は熟考の余地なく，定型的に生起するように感じられる（ただし，第7章の感情調整とも比較検討してみよう）。一方，連続的な次元（の組み合わせ）で感情が規定されるというモデルの1つが第3章で述べられる認知的評価理論である。認知行動療法や心理的ストレス理論などといった形での応用も盛んであり，認知的評価の内容とともに，注意，記憶，推論などの情報処理のメカニズムを導入することもできるという高い応用可能性をもつ。

　認知的評価理論は，シンプルさと拡張性が魅力ではある。しかし，身体の役割なども考慮に入れると，まず認知があって感情を決める，という枠組みからも自由になり，感情反応が多様な要因の相互作用から創発されると見る理論も非常に魅力的である。たとえば，内外の状態を反映しながら快 - 不快，活性 - 不活性という 2 軸からなるコア・アフェクトというものが常に生起しており，そこにより高次の認知的な意味づけが組み合わされて感情となるというラッセル Russell, J. A. のコア・アフェクト理論や，それを継承したバレット Barrett, L. F. の感情の構成理論である（第 7 章）。まず個別の感情のカテゴリーありきではない点で，カテゴリカルな基本感情理論よりも次元モデルに近い。一方で，次元モデルの代表ともいえる認知的評価理論とは，認知をどのような原理で捉えるのかが異なっている。

　このように，感情心理学にもカテゴリーか次元かというモデルの相違がある。しかし，第 7 章で述べられように，環境に対する動き（motion）を引き出すという感情（emotion）や動機づけ（motivation）の機能を考えるとき，そこには自律神経系，内分泌系，免疫系の反応などそれ自体では意識に上りにくい過程と同時に，事象の価値を計算しつつ，その出力に意味づけるためのストーリーを構成する過程もある。人は，自分が出会う物事にとっさに対応するだけでは終わらないのが通常である。そう考えると，カテゴリーも次元も，ともにストーリーを構成しやすい心理的な状態や特性の表現だといってよいだろう。たしかに，根拠のない疑似学問の代表である血液型性格学の人気からもわかるとおり，人をカテゴリーに分けることの方が，次元上での程度の差で表現するよりも親しみやすく感じる人が多いのだろう[注6]。しかし，多くの場合，次元で表現された理論も，言葉で語りやすいものである。たとえば「（同じ環境に対して）より差し迫った脅威があると認知する人は，不安を感じやすい」というように。このことからは，カテゴリーであれ次元であれ言葉で語り了解するための道具であるといえる。もちろん，次元モデルとカテゴリーモデルの対比の「外」には，語りえぬものにどのように向き合うのかという大きな課題が横たわっている。感情心理学者もパーソナリティ心理学者もそれが気になって仕方ないのではあるが。

　本書は，基礎心理学の領域のテキストであるが，感情・人格心理学は，異常心理学や心理療法と非常に深く関わっている。実は，カテゴリーから次元へという移行は，2000 年以降の精神病理の研究の動向でもある（詳細は杉浦（2009，2019）

注6）　模擬試験や体力テストの結果やゲームキャラの設定など，次元による表現にも日々親しんでいるはずだが。

をご覧いただきたい)。パニック症，統合失調症，といったように個々別々の疾患の診断があり，1人の人は，それに該当するかしないかという診断がなされるのが現在でも続くカテゴリカルな精神病理の記述法である。しかしながら，たとえばパニック症とうつ病に同時にあてはまる人の数が多いことや，不安や抑うつといった症状はある／なしではなく非常に低い人から非常に高い人まで連続的に分布することもわかってきた。そこで，パーソナリティと同様に，症状の強さという連続的な次元で精神病理を表現するアプローチが登場した。次元で表現できると，それを因子分析することもできる。そのような研究が 2000 年初頭より登場し，多数ある精神病理も，少なくとも一部はビッグファイブとも重なるような少数の次元にまとめられることもわかっている。

■ VI　パーソナリティの成り立ち

　臨床で接するクライエントから，あるいは精神病理についてはじめて学ぶ人を対象とした講演や授業を聞いてくれた人から，非常によく受ける問いがある。「＊＊症の原因は遺伝なのですか，育て方なのですか。治らないのですか」。この問いを発する背景にある不安や自責などへの共感はむろん必要である。そのうえで，「根拠のある」前向きな希望につなげられるか。人格心理学という科目の内容は，この問いに答えるためにあるといっても過言ではない。この問いをより具体的に書き下すと，下記のようになるだろう。

- ・人の行動に影響するのは遺伝と子育ての2つであるといってよいか
- ・遺伝の影響があるということはその行動が変わらないことを意味するか
- ・より早期の要因（遺伝や子育てなど）ほど精神病理やその治療にとって重要であるのか

　ぜひ，これらの問いを念頭に第8章，第9章を（もちろん，他の章も）紐解いていただきたい。高校の生物の授業で，はじめて遺伝について習うときの具体例は，くせ毛や瞳の色といった身体的特徴（表現型）である。わかりやすいのはありがたいが，遺伝によって決定されたものは外から見ても明白で，それは生涯変わらないという印象も与えてしまう。しかし，とりわけパーソナリティも含めた心理的特徴という表現型の場合，そもそもそれを観察すること自体が（瞳の色を見るのとは違って）測定やデータ解析の技術を必要とする。さらに，遺伝子から

行動までのプロセスは複雑で長い。それはちょうど，製品としてのギターのスペックとギタリストが奏でる音楽くらいの隔たりである。この長く複雑なプロセスを視野に入れると，変化の可能な部分もあることがわかり，希望と安堵の源ともなるはずである。

▌VII　感情・パーソナリティと精神病理

　感情・人格心理学は，異常心理学や心理療法の基盤であり，共通のモデルを用いていることも多い。精神病理の分類はDSMやICDのような操作的診断基準が主流である。一方，個々の精神病理と一対一で対応するメカニズムがあるわけではないことも専門家の間ではすでに周知の事項である。1つの診断名が1つのメカニズムを意味するのでなければ，どのように研究をすればよいのだろうか。アメリカの国立精神保健研究所（NIMH）は，これから研究すべき精神病理のメカニズムの地図として，Research Domain Criteria（RDoC）というものを提唱した。それは，ネガティブ価システム（Negative Valence Systems），ポジティブ価システム（Positive Valence Systems），認知システム（Cognitive Systems），社会過程システム（Systems for Social Processes），覚醒・制御システム（Arousal/Regulatory Systems），感覚運動システム（Sensorimotor Systems）という6つのメカニズムの領域を想定している[注7]（第1章）。

　ここでは，ネガティブ価システムとポジティブ価システムが，それぞれ独立のシステムとして想定されている。この2つが独立であるという考え方は，実はパーソナリティ心理学の成果である。どのような感情を感じやすいかには個人差があるが，それを捉えた特性であるネガティブ情動傾向とポジティブ情動傾向という2次元は，統計的にはほぼ独立であることが見出された。つまり，ポジティブな情動が少ないから，ネガティブな情動が生じているという逆の関係ではない。さらに，ネガティブ情動傾向は神経症傾向と，ポジティブ情動傾向は外向性というビッグファイブ（あるいはアイゼンク Eysenck, H. J.）の特性次元と相関が高いこともわかった（ネガティブ価システム，ポジティブ価システム以外では，社会過程システムがビッグファイブの調和性の捉えるものと近い）。いずれにせよ，ネガティブ情動は有害なものであり，ポジティブ情動は有益なものである，あるいはネガティブな情動とポジティブな情動は逆のものである，という理解は成り立

注7)　2020年3月2日時点。https://www.nimh.nih.gov/research/research-funded-by-nimh/rdoc/definitions-of-the-rdoc-domains-and-constructs.shtml

表1　ビッグファイブと他の理論との関連

ビッグファイブ	アイゼンク	テレゲン	RDoC
神経症傾向	神経症傾向	ネガティブ情動傾向	ネガティブ値システム
外向性	外向性	ポジティブ情動傾向	ポジティブ価システム
調和性			社会過程システム
勤勉性	精神病質（－）	制約性	
開放性			

たない。それぞれが，うまく働くときとそうでないときがある。第4章と第5章は，それを扱っている。ビッグファイブと他の理論との関連を表1に示す。

　精神病理でもパーソナリティ心理学に少し遅れて次元モデル（特性論）への変化が生じるなど，パーソナリティと精神病理の関連はますます深くなってきた。精神病理もパーソナリティ特性も次元として捉えられる。しかし，関連が深いことは確かなのだが，両者の関連については複数のモデルがある。もちろん，パーソナリティ特性が極端に強くなると精神病理になる，というモデルもある。第12章では，パーソナリティと環境が相互作用して精神病理に至るという時間的なプロセスを含むモデルが紹介されている。これらのモデルは，実際にパーソナリティや環境（ストレス）や症状を測定して，統計的に検証できるものである。精神病理の研究に限らず，調査データによって研究をしようとするときに使えるモデルが満載である。

　また，パーソナリティ自体の偏りが大きく柔軟性がないがゆえに，不適応に苦しむような精神病理をパーソナリティ障害と呼ぶ。これも第12章のテーマである。パーソナリティ障害は，他の精神病理と同様に，個別的な病名が定義され，それぞれについて診断にあてはまる／あてはまらないの判断がされる。つまり，次元ではなくカテゴリーとして診断がされる。しかし，DSMの最新版（第5版）では，代替モデルとして「否定的感情」「離脱」「対立」「脱抑制」「精神病性」という5つの次元の組み合わせでパーソナリティ障害を理解しようとする枠組みも提示されている。また「試験的」な段階という扱いであるが，この5つの次元は，ビッグファイブにおおむね対応するものであり，やはりパーソナリティ心理学と精神病理の共通性を示すものである（表2）。

表2　ビッグファイブとパーソナリティ障害の次元モデルとの対応

ビッグファイブ	パーソナリティ障害（DSM-5 代替モデル）
神経症傾向	否定的感情（Negative affect）
外向性	離脱（Detachment）
調和性	対立（Antagonism）
勤勉性	脱抑制（Disinhibition）
開放性	精神病性（Psychoticism）

VIII　適応の多面性と感情・パーソナリティ

　編者は教養教育，専門教育，大学院教育のいずれもで「適応」という言葉が科目名に含まれた講義を担当している(した経験がある)。適応という言葉から異常心理学や心理療法を思い浮かべる人が多いだろう（実際，それが授業の内容の大部分を占める）。しかし，それらの講義の冒頭で，適応ということの多面的な意味について考えてもらう時間を作っている。

　たとえばマンボウという魚について。流線形で水中を効率よく移動する他の魚たちとあまりに異なる形態や,肉体的なもろさに関する多くの逸話が特徴である。同時に，数億ともいわれるくらい産卵数は多い。つまり，個体の生存力を犠牲にしてでも，産卵数を多くすることで結果的に自分の遺伝子が残るという意味での「適応」を達成していることがわかる。一方，哺乳類（とくにヒト）では，妊娠や子育てにかかる期間が長いため，あまり多くの子孫は残せない。しかし，子育てに資源を割くことで，生まれた子どもが無事に成長し，再び子どもを作るまで生き延びる可能性は高くなる。その結果，やはり自分の遺伝子は残せるという意味での「適応」を達成する勝算は高い。遺伝子の存続という意味の適応は，進化論の概念にほかならない。驚くことに，マンボウとヒトはまったくことなるやり方で，自分の遺伝子を残すという同じ土俵に上がっていたのである。このような適応の戦略の違いを生活史戦略という。動物の種の間のみならず，同種の中での個体差もある。つまり，パーソナリティの１つなのである。

　次に別の意味の適応を考えてみよう。いまではお掃除ロボという形ですっかり日常生活に溶け込んでいる「モノにぶつからずに移動する」という問題解決（ナビゲーション）をどのように行うか。じつは，このナビゲーションを行う機械は1980 年代にはすでにおもちゃとして市販されていた。小学高学年であれば組み立てられる工作キットだった。進行方向にある障害物を赤外線センサーが検出す

ると，そのおもちゃは少しバックして，左に方向転換する。この単純な仕組みで
モノがたくさんおいてある床を，モノにぶつからずに器用にナビゲートできる。
いたずらで赤外線センサーの前に手をかざすと，まるでいやがっているように逃
げ回る[注8]。このおもちゃはナビゲーションという目標を実現するために，環境か
ら必要な情報を検出し，行動を修正するという問題解決を行っていることがわか
る。ここで必要な情報というのは，ナビゲーションを行う主体とその目標に規定
される。障害物が目の前にあることがわかればよいので，赤外線でも超音波の反
響でもよい。あるいは，マイクロホンをつけておくのでもよい[注9]。障害物にぶつ
かったときのコツンというノイズによって障害物を検出することができる。人間
のようにカラフルで鮮明な画像を処理する必要はない。これもまた適応である。

　このようにあらゆる適応は問題解決と捉えられる。すると，感情もパーソナリ
ティも問題解決に用いられるツールや，そのスペック／設定と考えることができ
る。RDoC に社会過程システムというものがあるように，感情は人が対人関係や
集団を理解したり，その中でどのように行動するかを方向づけるものである。第
6 章，第 9 章はそのような社会関係の中で機能する感情やパーソナリティについ
て述べられている（なお，英語の social には，日本語の対人関係に相当する小規
模なものから，集団や国家のような大きな規模までを含む）。その際に，どのよ
うな問題解決を目指しているのかを明確にすることが重要である。たとえば，第
6 章では，社会的状況で見られる競争と協力という 2 つの行動に，感情がどのよ
うに影響するかが論じられている。ゼロサム状況と非ゼロサム状況という条件が
異なれば，競争と協力のいずれが適応的かも変化する。また，人間の社会的行動
は，通常は，瞬間ごとに利得を最大化するという目標を設定しているわけではな
い。もし，そのような目標を設定していると見てしまうと，たとえば不公正を許
せずに糾弾するという行為は，自分が一時的に損をする可能性もある（逆恨みさ
れるかもしれないし，懲らしめる行為が行き過ぎれば自分が法的に罰せられる可
能性もある）ため，不合理なものとなる。そのような行動の背後にある感情（義
憤など）も不合理であることになってしまう。ただ，この不合理という判断は，

注8）　このようないかにも機械然とした単純な装置に対して，逃げ回っている（さらには，か
　　わいいとか気持ち悪いとか）と感じてしまうのも，感情の興味深い働きである。
注9）　現在では，自動運転の技術という形でより重大なリスクをはらんだ問題となっている。
　　超音波でもマイクロホンでも大丈夫だ，というのはあくまでぶつかってもケガをしない軽い
　　おもちゃに限る。小さなプラスチック製の玩具と鉄製の自動車というサイズの違いで，適応
　　の方法が異なるということは，身体の形状やサイズが適応に大きく影響するということも含
　　意する。身体というキーワードに注目して本書を読むと興味深い発見があるだろう。

「その瞬間その瞬間で利得を最大化する」という目標をもっているという条件を認めなければ成り立たない。

　「瞬間ごとに利得を最大化する」という目標を人がもっていると捉えると社会的行動の理解が難しくなると述べた。人生は問題解決の連続である。しかし，まったく新規な問題が続き，そのたびにまったく新しい解決手段を採用するというのでもなく，ある一定のパターンがあることが多い。感情はいうなれば，そのような解法の定石のレパートリーともいえる。人はいろいろな定石を時に工夫しながら用いている（第2章，第3章，第7章）。また，人生で解決すべき問題は無限にあるが，どのような問題をとくに重要と考えるのかという違いは，パーソナリティ特性を反映しているかもしれない。ビッグファイブの5次元の1つ，調和性の高い人は他の人との良好で穏やかな関係を保つという目標を重視するだろう。なかには，自己中心的で共感性に欠けるパーソナリティであるサイコパシーなど，適応性を見出すことが難しく思われるものもある。しかし，適応すべき環境の変動は大きいため，自己中心性や他者からの略奪・搾取によって文字通り生き延びられたということもあるだろう（第9章）。

文　　献

Allport, G. W.（1937）*Personality: A Psychological Interpretations*. Henry Holt and Company.（詫摩武俊・青木孝悦・近藤由紀子ら訳（1982）パーソナリティ―心理学的解釈．新曜社.）

McCrae, R. R. & Costa Jr, P. T.（1999）A five-factor theory of personality. In: L. A. Pervin & O. P. John (Eds.): *Handbook of Personality: Theory and Research*, Vol. 2, Guilford Press, pp. 139-153.

杉浦義典（2009）アナログ研究の方法．新曜社.

杉浦義典（2019）診断横断的アプローチ．心理学評論，62; 104-131.

第 1 部
感情に関する理論及び感情喚起の機序

動機づけ

国里愛彦

Keywords　動機づけ，動機づけの理論，接近・回避動機づけ，行動接近システム，闘争−逃走−凍結システム，行動抑制システム，研究領域基準

Ⅰ　動機づけ

　私たちは，日々何らかの行動を始めたり止めたりしているが，心理学の動機づけ研究では，この行動の背景となる心理的過程を扱う[注1]。動機づけには，一連の過程を指す，方向性をもつ，強さがある，そして持続時間には限りがあるという特徴がある（上淵，2017）。動機づけを考える場合に，方向性と強さを考慮する必要がある。たとえば，大学で講義をしていると，ある学生は動機づけが高く，熱心にノートをとり授業後にも質問するが，別の学生は動機づけが低く，ノートもとらず居眠りしている。しかし，後者の学生はすべてのことに動機づけが低いわけではなく，別の授業やサークルなどは高い動機づけをもって取り組んでいることもある。

　動機づけは，行動の開始・中止に関わる過程であるが，感情にも同様な機能がある。たとえば，快感情や興味は接近行動を引き起こし，恐れや不安は回避行動や行動の中止を引き起こす。感情も動機づけも行動に影響する過程を扱っている点は類似している。しかし，感情は恐怖か幸福かといった感情自体が議論になるが，動機づけは行動と関連づけて論じられる。感情と動機づけは似た部分があるが，強調される点が異なる（上淵，2017）。

　動機づけといっても，全般的な動機づけから特定の物事についての動機づけまで幅広い。そこで，動機づけを，パーソナリティの水準，文脈（領域や内容）の水準，状況（心理状態など）の水準に分けると整理しやすい（鹿毛，2004）。パーソナリティの水準は，動機づけの内容や状況によらない，比較的安定した動機

注1）　本稿の作成にあたり，JSPS 科研費 JP16H05957 の助成を受けた。

づけの水準である。平均的にその人の動機づけが高いのか低いのかを表現する水準である。文脈の水準は，領域や内容によって差異が生じる動機づけの水準である。たとえば，英語などの科目に対する動機づけは低いが，体育や部活への動機づけは高い人もいるだろう。状況の水準は，特定の状況におけるその人の心理的状態によって差異が生じる動機づけの水準である。たとえば，寝不足で講義に出席したら，興味がある講義内容であっても，眠気のために動機づけが低くなるだろう。

　本章の以降では，動機づけに関わる諸理論について紹介し，その中でも生物にとって根源的な動機づけである接近・回避動機づけについて詳細に説明し，最後に接近・回避動機づけの観点から心理的な問題を検討する。

■ II　動機づけの諸理論

　心理学では，多くの動機づけ理論が提案されてきている。動機づけを説明するものを大きく分けると，欲求，認知，感情の3つの要因に分けることができる（鹿毛，2004）。そこで，鹿毛（2004）と上淵（2012）を参考に，欲求，認知，感情の3つの観点から代表的な動機づけ理論を紹介する。

1．欲求の観点からのアプローチ

　私たちが行動するときに，その行動が引き起こされるプロセスの中に，その行動をしたいという欲求があると考えられる。欲求は，動機づけの一部を担うものであり，本項では，欲求という観点から動機づけを説明する理論を紹介する。

①マレーの社会的欲求
　欲求には，生命を維持するうえで必要な生理的欲求や対人関係や権力などの心理・社会的欲求が含まれる。マレー（Murray, 1964）は，主題統覚検査，面接，観察などを通して，20種類の社会的動機のリストを作成した。このリストには，達成，親和，障害回避，屈辱回避，攻撃，防御，顕示などが含まれ，生理的欲求とは異なる心理・社会的欲求のリストになっている。その後の動機づけ研究においては，困難な物事や競争に打ち勝って目標に到達することに関する達成動機と自分に似た人や好意的な人に近づき，協力し合いたいという親和動機の研究が多く行われてきている。

②マズローの欲求階層説

　マレーは，社会的欲求の階層性を考慮せずにリストを作成したが，マズロー（Maslow, 1954）は，欲求階層説を提唱した。マズローは，欲求を生理的欲求（生存に必要な衣食住などへの欲求），安全・防衛の欲求（身体的な危険や経済上の脅威から守られることへの欲求），所属と愛情の欲求（周囲や社会に必要とされ，それに応えている感覚，他者に受け入れられているという感覚への欲求），自尊・承認の欲求（周囲や社会から価値がある存在として認められることへの欲求），自己実現の欲求（自身の能力の可能性を最大限に発揮して，あるべき自分になろうとする欲求）の 5 つに分けたうえで，これらの欲求の階層性を示した。最初に生理的欲求が満たされたら，安全・防衛の欲求が生じるように，生理的欲求から安全・防衛の欲求，所属と愛情の欲求，自尊・承認の欲求と段階的に満たされていき，最後に自己実現の欲求が満たされるとされる。

③自己決定理論

　マズローの生理的欲求は，行動に対する外的な報酬に対する動機づけになるが，その行動自体が目的となるような動機づけもある。このような動機づけを内発的動機づけと呼び，外的な報酬に基づく動機づけを外発的動機づけと呼ぶ。内発的動機づけでは，もともと内発的動機づけの高い行動に対して金銭などの物質的な報酬を与えた場合に，内発的動機づけが低下するアンダーマイニング効果などが知られている。内発的動機づけの研究から，デシら（Deci et al., 2004）が，自己決定理論を提唱した。自己決定理論は，人間には有能さへの欲求（環境と効果的に関わることができるようでありたい），自律性への欲求（自分の行動を自己決定できる主体でありたい），関係性への欲求（他者やコミュニティとつながりをもっていたい）の 3 つがある。アンダーマイニング効果は，外的報酬によって，もともとは内発的動機づけが高い行為について，「自分は報酬のためにこの行為をしており，外的な報酬によって行為するかを決められている」と捉えることで，有能さへの欲求や自律性への欲求が阻害されるためと考えられる。

2．認知的評価の観点からのアプローチ

　動機づけ研究においては，認知的評価に関する研究が多くなされてきた。私たちは，行動に際して，行動や結果に対して意味づけをしており，そのことが行動の生起や持続などに影響する。本項では，認知的評価から動機づけを説明する理論を紹介する。

①期待価値理論

　アトキンソン（Atkinson, 1964）は，何か物事を達成したいという達成動機の高さが，達成に対する接近傾向と失敗に対する回避傾向の差によって決まると考えた。つまり，何か課題場面において，失敗回避傾向より達成接近傾向が大きいほど，行動が生じやすくなる。アトキンソンは，達成接近傾向は，達成欲求（課題を達成しようとする欲求の強さ）と主観的成功確率（課題が成功する見込み）と成功の誘因価（成功した場合の満足）を掛け合わせたものになるとした。つまり，達成接近傾向＝達成欲求×主観的成功確率×成功の誘因価となる。一方，失敗回避傾向は，失敗回避欲求（失敗を回避しようとする欲求の強さ）と主観的失敗確率（課題が失敗する見込み）と失敗の誘因価（失敗した場合の不満足）を掛け合わせたものになるとした。つまり，失敗回避傾向＝失敗回避欲求×主観的失敗確率×失敗の誘因価となる。このように，欲求に期待と価値を掛けて成功接近・失敗回避傾向を計算するので，期待価値理論と呼ばれる。

②ローカス・オブ・コントロール

　ロッター Rotter, J. B. は，行動が生起する可能性は，その行動をすることで強化が受けられる期待と強化の価値を併せたものによって予測できると考えた。そして，期待に関しては，物事の原因を自分の内部要因に求める傾向が強いか（内的統制型），外部要因に求める傾向が強いか（外的統制型）によって個人差が生じるとした（Rotter et al., 1975）。内的統制型の人は，自分で結果をコントロールできると考えるので，自身の行動の結果について期待を高くもつことができる。つまり，内的統制型の人は，動機づけが高くなる。一方，外的統制型の人は，自分以外の要因が結果を決めるので，自分ではコントロールできないと感じ，自身の行動の結果への期待が低くなる。そのため，外的統制型の人は，動機づけが低くなる。

③自己効力感

　行動を行ったとしても，その結果が期待できない場合は動機づけが低下する。期待価値理論やローカス・オブ・コントロールにおいても，結果への期待は動機づけにおいて重要な役割を担う。しかし，行動の結果に対する期待は高くても，その行動をできるという期待が低い場合は動機づけが低下する。バンデューラ（Bandura, 1997）は，期待には2種類ある点に注目した。2種類の期待とは，自分がその行動をできるかどうかについての期待（効力期待）と行動によって生じ

る結果に対する期待（結果期待）である。動機づけにおいて効力期待（自己効力感）が重要であるとした。

④達成目標理論

　ドゥエック Dweck, C. S. は，達成動機づけを，自身が有能であることを求める動機づけとし，人は自身の高い能力を周囲に示したり，能力を獲得したりするための行動をすると考えた（Dweck et al., 1988）。その能力や知能を統制可能で成長可能な多数のスキルの集合と捉えるか（増大理論），統制不可能で固定的なものと捉えるか（固定理論）によって，目標が異なってくる。知能がどういうものかについて個人がもっている想定を暗黙の知能観と呼ぶ。固定理論をもつ人は，能力は変わらないと考えるので，周囲に能力が低いと判断されないように遂行可能な目標を設定する（遂行目標）。遂行目標だと，失敗は低い能力の証拠になり動機づけを下げるので，自信のある場合には努力をするが，自信のない場合には挑戦しない。一方，増大理論をもつ人は，能力は努力によって高めることができると考えるので，できないことを学習して能力を伸ばすような目標を設定する（学習目標）。学習目標だと，失敗は次の成功のための情報として活用され，自信の高低にかかわらず取り組み，困難な課題にも挑戦する。なお，エリオット Elliot, A. J. は，接近−回避の次元と個人内−相対的の基準の次元（自分の能力を高めることを重視する個人内と周囲からの高い評価を得ることを重視する相対的の次元）を組み合わせた階層モデルを提案した（Elliot et al., 2001）。エリオットの階層モデルより，接近−回避と個人内−相対的の 2 次元から，学習接近目標（個人内・接近），遂行接近目標（相対的・接近），学習回避目標（個人内・回避），遂行回避目標（相対的・回避）の 4 つに分けることができる。

3．感情の観点からのアプローチ──フロー理論

　私たちが行動をする際には，感情の影響も大きい。感情と動機づけは密接な関連があり，明確な区分も難しい部分もあるが，本項では，感情の観点から動機づけを説明する理論として，フロー理論を紹介する。

　集中してスポーツしているとき，夢中になって趣味の活動をしているときなど，その行為にのめりこむような感覚や時を忘れてしまって時間があっという間にすぎるような感覚などを経験することがある。チクセントミハイ Csikszentmihalyi, M. は，このような努力がなくとも自然に集中でき，活動に対する自己の没入感があり，自意識や時間を忘れて活動自体を楽しむような経験をフローと呼んだ

（Nakamura et al., 2009）。フロー理論では，フロー体験の特徴や生起条件，フロー体験を通してより複雑な能力や技能を獲得して成長する過程を扱う。フロー体験の条件としては，活動の難しさと能力のレベルが高いレベルで釣り合っていること，活動の目標が明確かつ即時のフィードバックが得られることなどがある。同じ難易度の課題に取り組んでいると能力が向上し，だんだんとフロー体験は生じなくなる。このように，課題の難易度と能力のバランスの動的関係によりフロー体験は少しずつ生起条件を変える。もしそこに，獲得した能力に見合った難易度の課題がくると再びフロー体験が生じる。つまり，フロー体験を繰り返していくうちに，より複雑な能力や技能を身につけることができる。

III　接近・回避動機システム

　動機づけには，パーソナリティ，領域・内容，心理状態の3つの水準があるが，以下では，領域や状況に依存しないパーソナリティレベルの接近・回避動機づけについてくわしく紹介する。

1．接近・回避動機づけとパーソナリティ

　動機づけを接近・回避の観点から検討する接近・回避動機づけは，動機づけの理論の中でも生物学的な基盤を意識した理論であり，主に動物を対象とした研究から明らかになったパブロフ Pavlov, I. P. の古典的条件づけやソーンダイク Thorndike, E. L. の道具的条件づけなどがその基礎になる。パブロフなどの研究も参考にして，アイゼンク（Eysenck, 1967）は，大脳皮質の覚醒や条件づけの観点から，外向性，神経症傾向，精神病質傾向からなる3因子モデルを提案した。アイゼンクの外向性は，衝動性，活動性，社交性，興奮のしやすさなどを特徴とし，脳波を用いた研究から，外向性の高い人は，外的な刺激に対して鈍感であり，大脳皮質の覚醒が遅く，覚醒状態になってもすぐに収まりやすいとされる。一方，神経症傾向は，ストレス状況下における不安，抑うつ，動揺の高さなどを特徴とし，神経症傾向の高い人は，大脳辺縁系（海馬，扁桃体，帯状回など）の覚醒が高く，自律神経系の興奮した状態になるとされる。外向性は報酬に対する接近傾向を高め，一方で，神経症傾向は罰刺激に対する回避傾向を高める。

2．グレイの強化感受性理論

　アイゼンクのパーソナリティモデルを再解釈し，批判的に発展させ，より報酬・

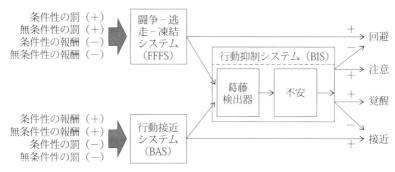

図1　グレイの強化感受性理論（McNaughton et al., 2008 をもとに一部改変）

罰と接近・回避行動との対応づけを明確にした理論として，グレイ Gray, J. A. の
強化感受性理論がある。グレイは，動物の回避行動のモデルから統合失調症の陽
性症状のモデルまで幅広く研究を行った。そのため，グレイの強化感受性理論は，
動物にも共通する根源的な動機づけシステムを扱いつつも人のさまざまな心理現
象の説明に使える理論になっている。グレイは，1982 年に *The Neuropsychology
of Anxiety* の出版を通して強化感受性理論を広め，その第 2 版において理論を改定
した（Gray et al., 2000）。グレイは，動物実験などの結果からモデル神経系を推測
し，それを生理学的に明らかにされた中枢神経系の知見と照合する理論ベースな
研究スタイルをとった。そのように構成されたグレイの強化感受性理論は，闘争
－逃走－凍結システム（Fight-Flight-Freeze System：以下，FFFS），行動接近シス
テム（Behavioral Approach System：以下，BAS），行動抑制システム（Behavioral
Inhibition System：以下，BIS）の 3 つから構成される（図 1）。
　BAS は，入力された欲求刺激と行動を媒介するシステムであり，予期的な快感情
を生み，接近行動を引き起こす。BAS は，報酬刺激が呈示されたときに行動が活
性化することに関わるシステムであり，腹側被蓋野や側坐核などの脳内報酬系が
関わるとされる。BAS システムは，欲求の目標となる状態と報酬との間の誤差が
小さくなるように接近行動を行う。FFFS は，入力された嫌悪刺激と行動を媒介す
るシステムであり，恐怖感情を生み，闘争－逃走－凍結行動を引き起こす。FFFS
は，罰刺激の呈示に対して防御的な攻撃，逃避行動，もしくは固まって動けなく
なる状態を形成するのに関わるシステムであり，扁桃体や中心灰白質などの脳部
位が関わるとされる。FFFS は，目前の脅威と安全な状態との誤差が小さくなるよ
うに行動する。BIS は，目標間の葛藤を解決するシステムになる。FFFS と BAS 間
の葛藤や，異なる対象に対する BAS 間の葛藤を解決する。BIS は，不安感情を生

み，葛藤のある行動の中止，リスクの検討，記憶や環境中にある葛藤の解決に使える資源の探索を引き起こす。BIS は，BAS や FFFS が活性化した際に活性化して現在の行動を抑制するシステムであり，中隔・海馬などの脳部位が関与するとされる。BIS は，目標の葛藤がないとする状態と現在の状態との誤差を小さくするように機能する。

　強化感受性理論の各システムについては，カーバーら（Carver et al., 1994）が作成した BIS/BAS 尺度などの質問紙によって測定される。カーバーらの BIS/BAS 尺度は，高橋ら（2007）によって日本語版が作成されている。強化感受性理論の各システムを測定する質問紙を作成すると，FFFS と BIS が別の因子として分離されず，どちらも罰刺激に対する感受性として測定される。BIS/BAS 尺度などを用いた脳機能画像研究も行われるようになってきており，強化感受性理論で想定する脳部位と各システムとの関連についても一部確認されるようになってきている。

　グレイの強化感受性理論は，報酬接近と罰回避という人間行動の基本原理に関する動機づけのモデルである。人の複雑な動機づけを説明するうえで，報酬接近と罰回避という観点はシンプルすぎるようにも思えるかもしれないが，エリオットの達成目標の階層モデルのように，接近・回避動機づけと他の要因を組み合わせることで，より複雑な人間行動の動機づけを明らかにできるかもしれない。

IV　接近・回避動機づけシステムと心理的問題

1．強化感受性理論と心理的問題

　グレイの強化感受性理論では，理論構成の段階から，心理的な問題との対応関係について検討されてきている（McNaughton et al., 2008）。2000 年に改定されたグレイの強化感受性理論では，FFFS は，目前の脅威から能動的に回避することが主となる恐怖症やパニック症が関連すると想定される。一方，BAS は，目前の報酬を得るために行動が多くなることを考えると，依存や衝動性と関連すると想定される。BIS は，FFFS や BAS における葛藤に対して活性化し，覚醒や不安や状況への注意を引き起こし葛藤解決に向けた行動を促すため，全般性不安症や強迫症と関連することが想定される。強化感受性理論に関する研究では，BIS/BAS 尺度などの質問紙を用いることが多いが，2000 年に改定されたグレイの強化感受性理論に対応した質問紙は少なく，FFFS と BIS をあわせて BIS として測定しているものが多い。そのため，強化感受性理論の観点から心理的問題について検討し

た実証的な研究の多くは，FFFS も含んだ BIS と BAS から検討したものになる。

　強化感受性理論と心理的問題との関連を検討した研究をまとめると（Bijttebier et al., 2009），不安症は，一貫して BIS の高さによって特徴づけられ，BAS とは関連をしない。一方，うつは，不安症と同じく BIS は高いが，BAS が低いことが特徴になる。つまり，BIS の高さは，不安とうつに共通する要因であるが，BAS の低さはうつに特異的な要因になる。そして，双極性障害の躁病エピソードは，BASの高さによって特徴づけられ，BAS の高さによって躁病エピソードの予測ができる。また，BIS が高いとその後の大うつ病エピソードを予測できる。不安や気分の問題以外にも，統合失調症，注意欠如・多動症，摂食障害，物質関連障害，サイコパシー，パーソナリティ障害についても強化感受性理論の観点から検討されている（Bijttebier et al., 2009）。それらをまとめると，不安，うつ，制限型の神経性無食欲症，統合失調症，クラスター C 型パーソナリティ障害においては BISが高く，一次サイコパシーでは BIS が低いことが示されてきている。そして，双極性障害，注意欠如・多動症，サイコパシー，神経性大食症，物資依存，クラスター B 型パーソナリティ障害では BAS が高く，アンヘドニアが主なうつでは BASが低いことが示されてきている。このように，強化感受性理論の観点から心理的問題を扱う研究も行われてきており，心理的問題のカテゴリーを超えて，BIS とBAS の次元から心理的問題の共通性や特異性を検討することができる。

2．接近・回避動機づけシステムと研究領域基準

　近年，精神障害研究のための新たな試みとして，アメリカ国立精神衛生研究所が研究領域基準（Research Domain Criteria：以下，RDoC）を提唱している（Insel et al., 2010）。RDoC は，6 つの基本的なドメインについて健康から精神障害を抱えた者まで検討する次元モデルであり，異なる水準の情報を統合することを特徴としている。6 つの基本的なドメインとは，ネガティブ価システム（Negative Valence Systems），ポジティブ価システム（Positive Valence Systems），認知システム（Cognitive Systems），社会過程システム（Systems for Social Processes），覚醒・制御システム（Arousal/Regulatory Systems），感覚運動システム（Sensorimotor Systems）である[注2]。そして，各ドメインを検討するうえでの異なる水準の情報とは，遺伝子，分子，細胞，神経回路，生理，行動，自己報告，研究パラダイムなどの異なる分析の単位から得られた情報のことである。RDoC は，この 6 つの

注2）　2020 年 3 月 2 日時点。https://www.nimh.nih.gov/research/research-funded-by-nimh/rdoc/definitions-of-the-rdoc-domains-and-constructs.shtml

ドメインと8つの分析単位のマトリックスから，精神障害の本質的な理解を目指す。

　RDoCのネガティブ価システムには，急性の脅威，潜在的な脅威，持続的な脅威，喪失，葛藤的な無報酬といった構成概念が含まれている。これは，強化感受性理論におけるFFFSやBISが対応すると考えられ，実際に不安の質問紙としてBIS/BAS尺度のBISが含められている。一方，ポジティブ価システムには，報酬反応性，報酬学習，報酬価値といった構成概念が含まれている。これは，強化感受性理論におけるBASに対応すると考えられ，実際に報酬価値の下位概念のエフォートの質問紙として，BIS/BAS尺度のBASが含められている。接近・回避動機づけシステムは根源的な動機づけであるので，精神障害を広範なドメインから検討をするRDoCにも含まれた可能性がある。接近・回避動機づけの観点から検討を行うことは，次元モデルから心理的問題の整理をする際にも有用であると考えられる。

◆学習チェック

□　動機づけの定義について理解した。
□　動機づけに関する諸理論について，欲求・認知・感情の観点から整理して理解した。
□　接近・回避動機づけに関する強化感受性理論について理解した。
□　強化感受性理論の観点から心理的問題について理解した。

より深めるための推薦図書

　鹿毛雅治編（2012）モティベーションをまなぶ12の理論．金剛出版．

　Elliot, A. J. (Ed.) (2008) *Handbook of Approach and Avoidance Motivation*. Psychology Press.

　Corr, P. J. (Ed.) (200) *The Reinforcement Sensitivity Theory of Personality*. Cambridge University Press.

文　　献

Atkinson, J. W. (1964) *An Introduction to Motivation*. Van Nostrand.

Bandura, A. (1997) *Self-Efficacy: The Exercise of Control*. Freeman and Company.

Bijttebier, P., Beck, I., Claes, L. et al. (2009) Gray's Reinforcement Sensitivity Theory as a framework for research on personality–psychopathology associations. *Clinical Psychology Review*, 29; 421-430.

Carver, C. L. & White, T. L. (1994) Behavioral inhibition, behavioral activation, and affective responses to impending reward and punishment: The BIS/BAS scales. *Journal of Personality and Social Psychology*, 67; 319-333.

Deci, E. L. & Ryan, R. M. (2004) *Handbook of Self-Determination Research*. University Rochester Press.

Dweck, C. S. & Leggett, E. L.（1988）A social-cognitive approach to motivation and personality. *Psychological Review*, **95**; 256-273.

Elliot, A. J. & McGregor, H. A.(2001)A 2 × 2 achievement goal framework. *Journal of Personality and Social Psychology*, **80**; 501-509.

Eysenck, H. J.（1967）*The Biological Basis of Personality*. Charles C. Thomas publisher.

Gray, J. A. & McNaughton, N.（2000）*The Neuropsychology of Anxiety*, 2nd edition. Oxford University Press.

Insel, T., Cuthbert, B., Garvey, M. et al.（2010）Research domain criteria（RDoC）: Toward a new classification framework for research on mental disorders. *The American Journal of Psychiatry*, **167**; 748-751.

鹿毛雅治（2004）「動機づけ研究」へのいざない．In：上淵寿編：動機づけ研究の最前線．北大路書房，pp. 1-28.

Maslow, A.（1954）*Motivation and Personality*. Harper & Row.

McNaughton, N. & Corr, P. J.（2008）The neuropsychology of fear and anxiety: A foundation for Reinforcement Sensitivity Theory In: P. J. Corr (Ed.): *The Reinforcement Sensitivity Theory of Personality*. Cambridge University Press, pp. 44-94.

Murray, E. J.（1964）*Motivation and Emotion*. Prentice-Hall.

Nakamura, J. & Csikszentmihalyi, M.（2009）Flow theory and research. In: S. J. Lopez & C. R.Snyder (Eds.): *Oxford Handbook of Positive Psychology*. Oxford University Press, pp. 195-206.

Rotter, J. B. & Hochreich, D. J.（1975）*Personality*. Scott, Foresman.

高橋雄介・山形伸二・木島伸彦ら（2007）Gray の気質モデル―BIS/BAS 尺度日本語版の作成と双生児法による行動遺伝学的検討．パーソナリティ研究，**15**; 276-289.

上淵寿（2012）キーワード動機づけ心理学．金子書房.

上淵寿（2017）感情と動機づけ．In：島義弘編：パーソナリティと感情の心理学．サイエンス社，pp. 59-80.

第2章

基本感情

坂上裕子

🔑 *Keywords*　基本感情，感情の生得性，感情の普遍性，感情の機能，感情の系統発生と個体発生

Ⅰ　感情とは

　感情は多面的な現象であり，嬉しい，悲しいといった「主観的体験」，眉や口角の動きなどによって作られる「表情」，どきどきする，手に汗をかくなどの内臓や身体の反応を含む「生理的反応」，逃げる，攻撃するなどの「行動」，目標が叶ったと思う，大切なものを失ったと思うなどの「認知（状況に関する評価）」といった側面から捉えられると考えられている。しかし，このうちのどの側面に注目して感情を定義するのか，また，感情は何によって生み出されると考えるのか（脳や神経系といった神経生物学的基盤によるものとするのか，社会的・文化的に構成されたものであるとするのか）という点をめぐっては，さまざまな見解がある。

　本章では，感情に関するさまざまな見解の中でも最も主要な立場の1つとされる，基本感情（basic emotion）説について紹介する。基本感情説は，ダーウィン Darwin, C. の進化に関する考えを土台として発展した理論的立場であり，ヒト（さらに霊長類をはじめとするある種の動物）には種の生存に貢献してきた，それ以上は細かく分割することのできないいくつかの感情（多くの場合，恐れ，怒り，悲しみ，幸せ，愛がこれには含まれる），すなわち基本感情が備わっている，と考える。また，これらの感情は，①生存に直結する適応的な機能を果たしてきた，②生まれつき備わった神経生物学的基盤をもっている（生得性），③社会や文化によらずヒト全般に認められる（普遍性），というのが，基本感情説の中心的な主張である。

II　基本感情説の起こり

　基本感情説の起源は，進化論を唱えたダーウィンによる表情の観察に遡る。ダーウィン（Darwin, 1872）は著書『人間及び動物の表情について』において，自分の子どもたちをはじめとする乳幼児や成人，また，さまざまな動物の感情表出（顔の表情や身体の動き，姿勢など）の精緻な観察記録を紹介している。そして，ヒトと，それ以外の動物におけるある種の感情表出に類似性が認められることに着目し，動物の感情表出とヒトの感情表出の間には，進化の点から見て連続性がある，と結論づけた。つまり，動物やヒトにおける感情表出は，進化の中で自然淘汰されてきた結果，定着したものである，と考えたのである。ただし，ダーウィン自身は，感情表出はコミュニケーション上の目的を果たしている，と主張する現代の研究者らとは異なり，特定の感情に伴う表出行動は，その生物にとってかつては何らかの有効な機能を果たしていた行動の名残にすぎない（たとえば，苦痛に伴う「泣く」という表出行動の機能は，涙の分泌によって激しく泣き叫んでいる間に目を保護することである，など），と考えていた。

　感情とそれに伴う表出行動が進化の対象であるとするならば，感情は，ヒトという種全般に生得的に備わったものであると考えられ，ゆえに，ヒトの感情表出には，社会や文化によらない普遍性が認められるはずである。その裏づけを得るべく，ダーウィンは，異なる文化に属する人々（主にヨーロッパ人と非ヨーロッパ人）の表情について尋ね（ただしその方法は，科学的な厳密さを欠くものであったのだが），両者のいずれにも，いくつかのはっきりと区別できる表情が同じように見られることを確認した。これが，後に基本感情と呼ばれるようになったものの起こりである。

　ダーウィンの考えに端を発する，ヒトの感情表出の普遍性に関する仮説は，彼の著書が出版されてから約 100 年を経てようやく，厳密な科学的手法によって本格的に検討されるに至った。

III　感情表出は普遍的か

　表情の普遍性に関するダーウィンの仮説をはじめて実証的に検討したのは，アメリカのエクマン Ekman, P. であった。エクマンが表情の普遍性を確かめる研究に着手したのは，1960 年代の終わりであったが，じつのところ，この頃は，人

の表情は生得的で普遍的なものである，とは考えられていなかった。多くの研究者は，当時支配的であった行動主義の考えや，感情表出に関する文化人類学研究の影響を受けて，表情はその大部分が文化によって決められたものであり，感情は，文化を通じて伝達される学習性の行動である，と考えていた。

　これに対して，エクマンら（Ekman et al., 1971）は，西洋や東洋の近代文明とほとんど接触した経験がなく，マスメディアへの接触経験もなかった（つまり，他の文化圏の人の表情を直接的にも間接的にも見たことがなかった）パプアニューギニア東南部の高地に住むフォア族の大人と子どもを対象として，彼らが西洋人の表情を認識できるかどうかを調べた。具体的には，フォア族の人たちに，西洋人の表情の写真3枚（うち1枚が正解）を同時に見せ，物語（例「これは，ある人の母親が死んだときに撮った写真だ」）を聞かせたうえで，その物語に合った表情の写真を1枚選ぶように求めた。エクマンらが実験で扱った感情は6つ（幸せ，驚き，悲しみ，恐れ，嫌悪，怒り）であったが，このうちのほとんどの感情について，フォア族の大人，子どもともに，物語に合った正しい写真を選択しており，正答率はいずれも約8割を上まわっていた[注1]。

　また，エクマンは，フォア族の人たちにある感情を引き起こすような物語（例「自分の子どもが死んでしまった」）を聞かせ，その感情を表す表情を作ってもらうように求めた。その際，フォア族の人たちの表情を撮影し，それをアメリカの大学生に見せたところ，アメリカの大学生も，それぞれの感情に対応した表情を正確に言い当てることができた。

　このように，西洋人の表情について学ぶ機会がなかったフォア族の人たちでも，西洋人の表情を西洋人と同じように認識し，また，同じように産出していたことから，エクマンらは，特定の感情に伴う表情は，文化によらず普遍的なものである，と結論づけたのである。

　さらにエクマンら（Ekman et al., 1987）は，ドイツ，ギリシャ，イタリア，日本，トルコなど世界の10の国・地域に住む大学生を対象に，幸せ，驚き，悲しみ，恐れ，嫌悪，怒りのいずれかの表情をしている人物の写真を見せ，写真の表情が，上記6つの感情のうちのいずれであるかを選択してもらう，という実験も行っている。この研究でもまた，感情や文化によって正答率に多少の違いはあるものの，6つすべての感情について高い正答率が得られている（表1）。

注1）　驚きの正答率のみ，68％と若干低い値を示した。

表 1　エクマンらによる表情判断課題の結果（正しい感情を選択した人の割合）（Ekman et al., 1987）

国または地域	幸せ	驚き	悲しみ	恐れ	嫌悪	怒り
エストニア	90	94	86	91	71	67
ドイツ	93	87	83	86	61	71
ギリシャ	93	91	80	74	77	77
香港	92	91	91	84	65	73
イタリア	97	92	81	82	89	72
日本	90	94	87	65	60	67
スコットランド	98	88	86	86	79	84
スマトラ	69	78	91	70	70	70
トルコ	87	90	76	76	74	79
アメリカ合衆国	95	92	92	84	86	81

■ IV　あらためて，基本感情とは

　エクマンは，社会や文化を超えて広く認められたこれら 6 つの感情（幸せ，驚き，悲しみ，恐れ，嫌悪，怒り）を，人全般に共通して見られる感情であるとして，基本（basic）感情と呼んだ。エクマンの他に，イザード Izard, C. E. やパンクセップ Panksepp, J., レベンソン Levenson, R. W. などが，基本感情説を唱える研究者としては有名である。表 2 に，それぞれの研究者が掲げている基本感情のリストを示す。どの感情を基本感情と見なすかは，研究者によって若干の違いはあるものの，怒り，恐れ，悲しみ，楽しさ，嫌悪，興味については，ほとんどの研究者の基本感情のリストの中に含まれていることがわかるであろう。

　ところで，これらの感情はなぜ，「基本」感情と呼ばれているのであろうか。じつのところ，基本＝ベーシック，という術語をどのような意味で用いるかについては，感情研究者の間でも立場が分かれており，概念的にベーシックである（最も抽象度が高い），という意味で用いる人もいれば，心理学的にベーシックである（他の感情をその感情の構成要素として含んでいない），という意味で用いる人もいる。基本感情説では，生物学的にベーシックである，すなわち，進化的な起源をもっており，また，その感情に特有の生物学的マーカー（客観的に測定しうる特性）を有している，という意味で，ベーシックという術語が用いられている

表2　基本感情の種類――4人の研究者のモデルから（Tracy et al., 2011 を一部改変して作成）

イザード	パンクセップとワット	レベンソン	エクマンとコルダロ
幸せ （happiness）	遊び （play）	楽しさ （enjoyment）	幸せ （happiness）
悲しみ （sadness）	パニック／悲しみ （panic/grief）	悲しみ （sadness）	悲しみ （sadness）
恐れ （fear）	恐れ （fear）	恐れ （fear）	恐れ （fear）
怒り （anger）	怒り （anger）	怒り （anger）	怒り （anger）
嫌悪 （disgust）		嫌悪 （disgust）	嫌悪 （disgust）
興味 （interest）	探索 （seeking）	興味* （interest）	
軽蔑* （contempt）			軽蔑 （contempt）
	欲望 （lust）	驚き （surprise）	驚き （surprise）
	世話 （care）	愛情 （love）	
		安堵 （relief）	

注）　*は，研究者が基本感情に含めているが，明確な証拠がまだない，としているもの。

（Scarantino et al., 2011）。

1．感情の進化的起源と適応的機能

　基本感情説では，進化の観点から見た感情の適応的な機能を強調する。すなわち，感情は，太古の昔に狩猟民であった私たちの祖先が繰り返し直面してきた生存上の基本的な課題（捕食者から逃げること，攻撃や脅威から身を守ること，パートナーを見つけ，配偶関係を確立すること，喪失に対処すること，自分が取り組んでいる目標を達成することなど）を扱うために進化してきた。そして，生存上の課題に直面したときには，その状況に即した基本感情が自動的に引き起こされ，課題に対処するための行動をすぐとることができるように，瞬時に身体の状態を整えたり[注2]，表出行動を通じて，何が生じているのかを即座に同種の他の個

表 3　感情の適応的機能（Malatesta et al., 1988; 遠藤，1996 をもとに作成）

感情	先行条件	自己システム内の機能	対人システム内の機能
怒り（anger）	目標の頓挫	目標達成の妨げとなっている障壁の除去	いままさに攻撃するかもしれないということの警告
悲しみ（sadness）	重要な対象の喪失，効力感の欠如	低レベルでは共感を促進，高レベルでは活動の抑止（おそらくはそれ以上の外傷体験が降りかかるのを阻止する）	養護・共感・援助の（他者からの）引き出し
恐れ（fear）	危機の知覚	脅威の同定。闘争あるいは闘争の促進	服従のシグナル。攻撃されるのを回避
軽蔑（contempt）	優越の知覚	社会的地位，支配，優越感の確立・維持	他者に対する支配・優越のシグナル
恥／気恥ずかしさ（shame/shyness）	自己が注視の対象になっていることの知覚	それ以上のプライバシー侵害から自己を守る行動の発動	プライバシー保護欲求のシグナル
罪（guilt）	何か悪いことをしてしまったという認識およびその場から逃れることができないという感じ	償い行為の促進	攻撃される確率を減らす服従的姿勢の生成
嫌悪（disgust）	不快・有害物質／人物の知覚	不快・有害物質／人物の排除	受容する意図がないことのシグナル
興味／興奮（interest/excitement）	新規性，食い違い，期待	情報取り込みのための感覚システムの作動	受容する意図があることのシグナル
喜び（joy）	親近性，快適刺激	現在の活動を継続せよという自分に対するシグナル	良好な内的情感の伝染による社会的絆の促進
驚き（surprise）	新規性の知覚，期待との不一致	生体を新しい経験に対して準備させる機能	生体の素朴さ（無知・未経験）を示し，攻撃から生体を防御する働き

体に伝達したりする役割を果たしてきた，と考える（Ekman, 1999）。

　表 3 は，イザード（Izard, 1977）による 10 の基本感情の適応的な機能を，自己システムにおける機能と対人システムにおける機能とに分けて示したものである（Malatesta et al., 1988）。この表にあるように，感情の機能は，自己に対して

注 2）　たとえば，怒りであれば戦うための，恐れであれば逃げるための身体の状態（自律神経系や内分泌系における変化）を作り出すことを指す。

は自分自身が置かれている状態や，その状況でなすべきことを知らせ，他の個体（他者）に対しては，自己の状態や起こっている事象の性質，その状況でなすべきことを知らせる，信号としての機能に集約できる。

2．感情の生物学的マーカー

基本感情説では，人には各基本感情に特有の神経生物学的基盤が生まれつき備わっており，それぞれの基本感情には，特有の自動的認知的評価（置かれている状況がどのようなものであるかを瞬時に知覚すること）や表出シグナル（顔や声における表出），行動，主観的経験が伴う，と考える。生存上の課題に直面したときには，自動的な認知的評価を経て，特定の基本感情が発動され，その課題に対処するための表出シグナルや行動が自動的に生じることになる。エクマンをはじめとする一部の研究者らは，こうした一連の反応を組織化する，感情プログラムもしくは感情システムの存在を想定している。

基本感情について，神経ネットワークの観点から分類を試みているのが，神経科学者のパンクセップ（Panksepp, 2011）である。彼は，ヒトと動物は基本感情の神経生物学的基盤をある程度共有している，と考え，ラットなどの動物を対象とした実験の結果をもとに，脳には7種類の基本感情（探索，恐れ，怒り，欲望，世話，パニック／悲しみ，遊び）のネットワークが存在する，としている。パンクセップによれば，各基本感情のネットワークは，ヒトにおいては個別のネットワークとして大脳辺縁系に存在するという。

近年のfMRIやPETを用いたニューロイメージング研究からは，上記のパンクセップの主張を一部支持する知見が得られている。すなわち，恐れ，怒り，喜び，悲しみ，嫌悪については，それぞれに関連する神経活動のパターンに，他の感情の神経活動のパターンとは明確に異なる一貫した特徴が認められており（たとえば，恐れでは海馬と島，怒りでは下前頭回と海馬傍回，喜びでは吻側前帯状皮質と右上側頭回において，他の感情とは異なる活動が見られる；Vytal et al., 2010），個々の基本感情に関連した神経回路の特定が試みられている。

V　基本感情の系統発生と個体発生

基本感情説では感情が進化的，生物学的基盤をもつことの証拠を，感情の系統発生の過程（ヒトのみでなく，他の動物にも各基本感情に対応した表出行動が認められること）と，個体発生の過程（発達の早い時期から，各基本感情に対応し

た表出行動が認められること）の両方に見出そうとしてきた。ここではそのそれぞれについて，どのようなことがわかってきたのかを見ていく。

1．ヒト以外の動物における基本感情

　ヒトと同じ霊長類であるチンパンジーやニホンザル，イヌ，ヒグマなどには，遊びの最中にプレイフェイス（イヌ科の動物では唇が後方に引っ張られ歯が露出し，耳が少し立っていて目が少し閉じた表情；霊長類やヒグマでは口を丸く開けた表情）と呼ばれる表情が見られる。これは，ヒトでいうところの笑いに相当する表情であるとされる。

　また，攻撃的な状態にあるチンパンジーやイヌでは，ヒトの怒りに相当する表情（チンパンジーでは口を尖らせる表情，イヌでは口を開け，目を見開き，耳を直立させる表情）が認められる（Waller et al., 2013）。

　恐れもまた，多くの動物で確認されている感情である。ヒト以外の霊長類やイヌ，ネコ，ラットといった種では，危険にさらされたときに逃げる，あるいは立ちすくむなどの防御行動が見られ，防御行動に関連した心臓，血管反応やホルモン分泌の変化が生じることがわかっている（LeDoux, 1996）。

　以上のように，一部の基本感情（恐れ，怒り，喜び）については，それに対応する表出行動がヒト以外の多くの哺乳類にも見られることが示されてきた。一方，その他の感情については，ヒト以外の動物に明確に同定することは難しく，とくに哺乳類以外の動物に関しては，よくわかっていないのが現状である。

2．ヒトにおける基本感情の発達

　基本感情説の立場では，各基本感情とそれに伴う表出行動は，神経系の成熟に伴い，一定のタイムテーブルに沿って，発達の比較的早い時期からそれぞれが識別可能な形で現れる，と考える。また，各基本感情は，特定の事象や状況との結びつきを学習する機会がなくても，その感情に特有の先行事象が生じたときには自然と引き起こされる（たとえば，母親の姿が見えなくなると，不安になって泣くなど），と考える。

　実際のところ，ヒトの乳児においては，いつ頃からどのような表情が見られるのであろうか。顔面筋の動きから表情をコーディングするシステムである MAX（The maximally discriminative facial movement coding system）を開発したイザードら（Izard et al., 1995）によれば，生後2カ月半の乳児に，関心，楽しさ，悲しみ，怒りの表情が認められている。

さらに現代では，四次元超音波装置のような医療機器の進歩によって，胎児の表情や動きも可視化できるようになった。その結果，妊娠の第三期（妊娠28週〜出産まで）には，泣きそうな表情や微笑んでいる表情など，一部の基本感情に対応した表情がすでに認められることがわかっている（Hata et al., 2013）。

　ただし，これらの研究が示しているのは，発達のかなり早期でも，形態上はさまざまな表情が認められる，ということにとどまり，それらの表情が感情の他の側面と結びついているのか（たとえば，主観的にも経験されているのか，状況に対してどのような評価がなされた結果，生じているのか）という点については明らかにしていない，ということに留意すべきである。

　基本感情に伴う表情と状況との結びつきについては，次のようなことがわかっている。まず，喜びについては，人の顔を見ると微笑む，いわゆる社会的微笑が生後2カ月を過ぎる頃から認められる（Messinger et al., 2007）。

　悲しみについては，スティルフェイス・パラダイム（乳児が母親と対面でやりとりをしているときに，母親が突然真顔になり，乳児に対して一切の反応をしなくなる，という実験状況）において，母親が反応を示さなくなると，生後2カ月の乳児でも悲しみの表情を示すことがわかっている（Tronic et al., 1978）。

　怒りについては，三種混合ワクチン予防接種時（生後2，4，6，18カ月時に連続して実施）の乳児の表情を調べたところ，生後2カ月の時点で，苦痛の表情を示した後に怒りの表情が見られることが明らかにされている（Izard et al., 1987）

　恐れについては，先行事象との明確な関連が報告されているのは生後4〜6カ月頃とやや遅く，恐れの表情は見知らぬ人が関わろうとしたときに見られることがわかっている。いわゆる人見知りが生じるのもこの頃である。

　このように，発達の早期からいくつかの感情表出が明確に認められ，それらは特定の状況において見られることが確かめられてきたが，一部の研究者からは，生後1年目の間は，各基本感情に対応する表情が必ずしも想定される状況で引き起こされるとは限らない，という証左が提出されている。こうした知見を踏まえて現在では，各感情の要素（表情，主観的体験，評価など）間のつながりはそれほど強固ではなく柔軟であり，特定の感情の発現には，神経生物学的な基盤のみでなく，認知や言語，運動領域における質的変化や環境からの影響も大きく絡んでいる，とする考え方が趨勢となっている（Camras et al., 2013）。

■ VI　基本感情説以外の説と今後

　本章では，数ある感情に関する理論のうち，基本感情説について紹介してきたが，冒頭で述べたように，感情が何によって構成されるものであるとするのかについては，さまざまな見解がある。基本感情説では，それぞれの基本感情は神経的基盤をもつ生物学的な実体として存在する，と考える。これに対して，社会構成主義と呼ばれる立場（Averill, 1980 など）では，感情は生物学的実体として存在するわけではなく，社会や文化を通して構成されるものである，とし，感情は，社会・文化における価値や規範，言語，信念，意味などによって形成されるものである，と主張する。

　また，感情の生物学的基盤の存在については認めるものの，個別の感情に対応する神経生物学的基盤が存在するわけではなく，感情は人の心によって認識されたものである，とする心理構成主義と呼ばれる立場もある。この立場を代表するラッセル（Russell, 2003）は，さまざまな感情の主観的経験の生物学的基盤を，コア・アフェクト（快－不快と覚醒度の強弱の二次元によって規定される神経生理学的状態で，快，不快として感じ取られるような原初的な感情状態）と呼び，感情の主観的経験は，刻々と変化する自身のコア・アフェクトの状態の原因に関する解釈や，コア・アフェクトに幸せや悲しみ，怒りなどの概念カテゴリーが当てはめられることによって生じる，と説明している。

　基本感情説を含む上記 3 つの説の間では，現在でも論争が続いているが，感情の神経学的基盤の解明が進みつつあるいま，（基本感情と呼ばれている感情のそれぞれに対応した神経基盤があるかどうかはさておき）感情は生物学的基盤をもつ現象であることは否定のしようがなく，同時に，私たちの感情表出や主観的な感情経験は，社会や文化からの影響を大きく受けていることもまた，否定のしようがないところである。感情は多面的な現象であるがゆえに，それらを統合的に説明しうる理論を構築するにはまだまだ年月を要すると思われる。実証的な知見に照らしながら，それぞれの理論についての精緻な検討を積み重ねていくことによって初めて，そのゴールに近づくことができるであろう。

　◆学習チェック
□　基本感情とは何であるのかついて理解をした。
□　基本感情の機能について理解をした。

□　基本感情の系統発生，個体発生について理解をした。

より深めるための推薦図書

コーネリアス Cornelius, R. R., 齋藤勇監訳（1999）感情の科学—心理学は感情をどこまで理解できたか．誠信書房．

エヴァンズ Evans, D., 遠藤利彦訳（2005）感情．岩波書店．

遠藤利彦（2013）「情の理」論—情動の合理性をめぐる心理学的考究．東京大学出版会．

文　　献

Averlill, J. R. (1980) A constructivist view of emotion. In: R. Plutchik & H. Kellerman (Eds.): *Emotion*. Academic Press.

Camras, L. A. & Shuster, M. M.（2013）Current emotion research in developmental psychology. *Emotion Review*, 5; 321-329.

Darwin, C.（1872）*The Expression of Emotions in Man and Animals*. University of Chicago Press.（浜中浜太郎訳（1931）人及び動物の表情について．岩波書店．）

Ekman, P.（1999）Basic emotions. In: T. Dalgleish & M. Power (Eds.): *Handbook of Cognition and Emotion*. John Wiley and Sons, pp. 45-60.

Ekman, P. & Friesen, W. V.（1971）Constants across cultures in the face and emotion. *Journal of Personality and Social Psychology*, 17; 124-129.

Ekman, P., Friesen, W. V., Sullivan, M. O. et al.（1987）Universals and cultural differences in the judgements of facial expressions of emotions. *Journal of Personality and Social Psychology*, 53; 712-717.

遠藤利彦（1996）喜怒哀楽の起源—情動の進化論・文化論．岩波書店．

Hata, T., Hanaoka, U., Mashima, M. et al.（2013）Four-dimensional HDlive rendering image of fetal facial expression: A pictorial essay. *Journal of Medical Ultrasonics*, 40; 437-441.

Izard, C. E.（1977）*Human Emotions*. Plenum.

Izard, C. E., Fantauzzo, C. A., Castel, J. M. et al.（1995）The ontogeny and significance of infants' facial expressions in the first 9 months of life. *Developmental Psychology*, 31; 997-1013.

Izard, C. E., Hembree, E. A. & Heubner, R. R.（1987）Infants' emotion expressions to acute pain: Developmental change and stability of individual differences. *Developmental Psychology*, 23; 105-113.

LeDoux, J. E.（1996）*The Emotional Brain: The Mysterious Underpinnings of Emotional Life*. Simon and Schuster.（松本元・河村光毅ら訳（2003）エモーショナル・ブレイン—情動の脳科学．東京大学出版会．）

Malatesta, C. Z. & Wilson, A.（1988）Emotion cognition interaction in personality development: A discrete emotions, functionalist analysis. *British Journal of Social Psychology*, 27; 91-112.

Messinger, D. & Fogel, A.(2007)The interactive development of social smiling. *Advances in Child Development and Behavior*, 35; 327-366.

Panksepp, J.（1998）*Affective Neuroscience: The Foundations of Human and Animal Emotions*. Oxford University Press.

Russell, J. A.（2003）Core affect and the psychological construction of emotion. *Psychological Review*, 110; 145-172.

Scarantino, A. & Griffith, P. （2011） Don't give up basic emotions. *Emotion Review*, 3; 444-454.

Tracy, J. L. & Randles, D.(2011)Four models of basic emotions: A review of Ekman and Cordaro, Izard, Levenson, and Panksepp and Watt. *Emotion Review*, 3; 397-405.

Tronick, E., Als, H., Adamson, L. et al. （1978） The infant's response to entrapment between contradictory messages in face-to-face interaction. *Journal American Academy of Child Psychiatry*, 17; 1-13.

Waller, B. M. & Micheletta, J. (2013) Facial expression in nonhuman animals. *Emotion Review*, 5; 54-59.

Vytal, K. & Hamann, S. （2010） Neuroimaging support for discrete neural correlates of basic emotions: A voxel-based meta-analysis. *Journal of Cognitive Neuroscience*, 22; 2864-2885.

第3章

感情と認知的評価

長谷川　晃

⊶ *Keywords*　認知的評価，ストレス，注意バイアス，解釈バイアス，反すう

▌ I　はじめに

　人は概して肯定的な出来事を経験するとポジティブ感情を抱きやすく，否定的な出来事を経験するとネガティブ感情を抱きやすい。しかし，同じ状況に遭遇しても，人によって経験する感情が異なる。たとえば，授業の担当教員が「この授業の期末試験は難しいので，十分に勉強をしておくように」と話した際，ある受講生は活気に満ち溢れ，別の受講生は不安に襲われる。このような差異を生む要因の1つが，その状況の受け取り方，つまり認知的評価（cognitive appraisal）である。本章では，認知的評価を取り上げた古典的な理論である心理学的ストレスモデルを紹介したうえで，認知的評価に関する研究のその後の発展について概説する。

▌ II　ストレッサーとストレス反応

　人は学業，就労，対人関係などにおいてストレスフルな状況に遭遇すると，さまざまな心身の不調を経験する。たとえば，悲しみ，不安，怒りといったネガティブ感情を経験したり，頭痛，腹痛，動悸といった身体的な変化を経験する。これらの状態が慢性化し，うつ病や過敏性腸症候群といった心身の疾患の発症に至る場合もある。このようなさまざまな状況との遭遇によって生じる症状をストレス反応と呼び，ストレス反応を生じさせる状況をストレッサーと呼ぶ（Lazarus et al., 1984）。

　初期のストレス研究では，ストレッサーの重要性が強調された。ストレッサー

の中で，とくに個人に大きな変化をもたらす出来事をライフイベントと呼ぶ。ホームズら（Holmes et al., 1967）は主要なライフイベントとその衝撃度を数値化した。各出来事の衝撃度は結婚を 50 とした比較によって数値化がなされ，衝撃度の高い出来事として配偶者の死（100），離婚（73），夫婦の別居（65）が，衝撃度が低い出来事として休暇（13），クリスマス（12），軽微な違法行為（11）が挙げられた。そして，衝撃度の高いライフイベントを多く経験すると，心身の疾患を発症したり，怪我をする確率が高まるとされている。

　一方，日々の生活の中で繰り返し経験するささいな出来事である日常のいらだちごと（daily hassle）についても検討が行われている。たとえば，一般成人を対象とした調査で，日常のいらだちごとの方がライフイベントよりも心身の症状との関連が強いことが示された（林，1990）。

■ III　心理学的ストレスモデル

　ストレス反応の発生にはさまざまな状況の経験が関連しているが，同じ状況を経験しても，人によって生じる反応が異なる。この差異を説明するために，ストレスに関する心理学的な理論を体系化したのがラザルスら（Lazarus et al., 1984）である。彼らはストレッサーがストレス反応を生じさせる過程に，認知的評価とコーピング（「対処」と呼ばれることもある）が介在していると提案した。彼らが提唱した心理学的ストレスモデルの概要を図1に示す。

　潜在的ストレッサーとは，ライフイベントや日常のいらだちごとといった，個々人がストレスフルであると評価する可能性がある出来事に遭遇したり，「昇進できなかった」といった，期待していた変化が起きないことを指す。潜在的ストレッサーが生じると，その状況が個人にとってどのような意味をもっているのか評価される。このような「個人と環境の相互作用が，自身のウェルビーイングとどのような関連があるのかを評価する過程」が認知的評価である[注1]。認知的評価は一次的評価と二次的評価に分類される。

　一次的評価とは，遭遇している状況が自身と関連があるのかどうかや，その状況が問題となるのかを評価することである。一次的評価ではまず，状況が無関係，無害 – 肯定的，ストレスフルの 3 種類に分類される。状況が無関係であるか，あ

注1）　ウェルビーイングは「幸福感」や「良好な状態」と訳すことができる。とくに 1946 年に 61 カ国の代表者が署名した世界保健機関（World Health Organization）の憲章を踏まえ，「身体的・精神的・社会的に良好な状態」という意味で用いられることが多い。

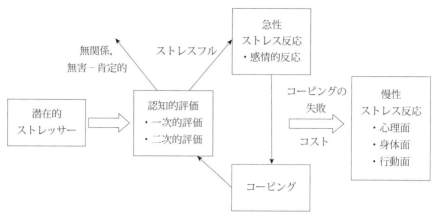

図1　ラザルスの心理学的ストレスモデルの概要（Lazarus et al., 1984; 島津, 2002 を参考に筆者
　　が作成）

るいは無害 – 肯定的であると評価された場合には，その状況は問題視されない（つ
まり，その状況は「ストレッサー」とはならない）。一方，状況がストレスフル
であると評価された場合，その状況はストレッサーとなる。この「ストレスフル」
という評価は，害 – 喪失，脅威，挑戦という 3 つを含む。害 – 喪失は，すでに損
害を被っているという評価である。脅威は，まだ害 – 喪失を被っていないが，将
来そのような損害を受ける可能性があるという評価である。挑戦は，状況が自身
に利益や成長をもたらす可能性があるという評価である。

　状況がストレスフルであると評価されると，二次的評価がなされる。二次的評
価とは，その状況を処理したり，切り抜けるために何をするべきかを検討する過
程である。つまり，「どのようなコーピングを実施可能であるのか」「そのコーピ
ングを用いた場合，どのような結果が起きるのか」などを考慮し，実施するコー
ピングの選択が行われる。

　認知的評価における「一次的」「二次的」という名称は，時間的な前後関係や
重要度の差を意味していない点に注意が必要である。たとえば，ストレッサーに
対して対処可能であると評価がなされた場合（二次的評価），その状況が脅威で
あるという評価（一次的評価）が低減する。また，認知的評価の過程には，意識
的に行われ，熟慮の上で評価がなされるという側面もあれば，意識が関与せず，
直観的，自動的に評価がなされるという側面もあると想定されている（Lazarus,
1999）。

　認知的評価の結果，感情が生じる（図 1 の急性ストレス反応）。ラザルスら

（Lazarus et al., 1984）は，一次的評価によって状況が脅威であると評価されると，恐怖，不安，怒りのようなネガティブ感情が生じる一方，挑戦であると評価されると，熱意，興奮，陽気といったポジティブ感情が生じると考えた。

　コーピングとは，「ストレスフルであると評価された個人と環境の相互作用や，そこで生じた感情を処理する認知・行動的努力」を指す。ラザルスら（Lazarus et al., 1984）はコーピングを，ストレスフルな状況を解決することを目指した問題焦点型と，ストレスフルな状況で生じた感情を調節することを目指した情動焦点型に分類した。問題焦点型コーピングの例として，計画を立て，それに沿って行動したり，他者の考えを変えるために説得を試みることが挙げられる。一方，情動焦点型コーピングの例として，状況の良い面を見つけたり，状況について考えないように試みることが挙げられる。

　コーピングの選択は，認知的評価の中で，とくに二次的評価と関連すると考えられている。つまり，自分自身の力で状況を変えることができると評価された場合，問題焦点型コーピングが優勢となり，状況を変えることができないと評価された場合，情動焦点型コーピングが優勢になる（Lazarus, 1999）。

　コーピングの結果，認知的評価や感情が変化することがある。たとえば，問題焦点型コーピングがうまくいき，状況が改善した場合には，その状況が脅威であるという評価が低減する。また，情動焦点型コーピングが奏効すると，喚起されていたネガティブ感情が軽減される。しかし，コーピングが狙い通りの結果を導かなかったり，その状況に不適合であるときには，状況をより脅威的であると評価し，感情が悪化し，その結果，ストレス反応が慢性化することがある（図 1 のコーピングの失敗）。たとえば，試験前に勉強に取り組まず（問題焦点型コーピングを行わない），試験のことを忘れるためにゲームをやり続けた場合（情動焦点型コーピングに終始する），試験の成績が悪くなり，ストレス反応が慢性化するだろう。また，試験前に極端に長い時間勉強に取り組むことにより，寝不足で体調を崩してしまったり，友人や恋人と過ごす時間を犠牲にしてしまう場合もあるだろう。このようなコーピングの実施に伴う弊害がコーピングのコストであり，ストレス反応を慢性化させる一因となる（島津，2002）。

　以上のように，心理学的ストレスモデルでは，感情の発生に及ぼす認知的評価の重要性に着目しつつも，認知的評価とコーピングや環境との相互作用が感情を左右すると提案されている。そして，この相互作用における不具合の積み重ねが心身の疾患をも引き起こすと考えられている。

■ IV　ラザルスとザイアンスの論争

　図1で示した通り，ラザルスは感情の発生には認知的評価が必要であるという見解をもっていた。しかし，認知が感情に先行するのかどうかについては，1980年代にラザルスとザイアンス Zajonc, R. B. の間で激しい論争が行われた。

　ザイアンス（Zajonc, 1980）は単純接触効果の研究を参照し，感情は刺激の意識的な認識や符号化が行われる前に，短時間で自動的に生じると提案した。単純接触効果とは，欧米人にとっての漢字といった本来は無意味で中性的な刺激であったとしても，その刺激に繰り返し接するだけで，その刺激の好意度が上昇する現象を指す。単純接触効果は，以前にその刺激を見たことを覚えていない場合や，意識的に認識できないほど短い時間しか刺激が呈示されない場合（つまり，閾下呈示された場合）にも生じる。たとえば，単純接触効果は刺激が1ミリ秒しか呈示されない場合にも生じるという結果が得られている（Kunst-Wilson et al., 1980）。このように刺激の意識的な処理が行われていないのにもかかわらず，好み（preference）という一種の感情が生じるため，ザイアンスは感情の発生の前に必ず認知が先行するわけではないと考えたのである。

　これに対して，ラザルス（Lazarus, 1982）は認知的評価が感情の発生における十分条件であるのに加えて必要条件でもあると主張した。つまり，たとえ本人に意識されない場合でも，状況の意味の評価がなされるからこそ感情が生じると考えたのである。ザイアンス（Zajonc, 1980）は，感情が本人の意識を伴わずに生じることがあるため，感情の発生の前に必ず認知が先行するわけではないと言及したが，ラザルス（Lazarus, 1982）は，感情の発生を導く認知的評価には本人の意識を伴わない側面があるため，感情の発生の前には必ず認知が先行すると反論したのである。

　その後，ラザルスとザイアンスにより議論の応酬が行われたが，概念の定義の仕方の差異により，この論争が有意義な形で決着に至らなかった（大平，2010）。つまり，どこまでを認知と見なし，どこまでを感情と見なすのかについて両者で見解が一致しておらず，そのために議論が収束しなかったと考えられる。この論争は，目に見えない「心」という現象を扱う心理学の難しさを物語る好例であるだろう。なお，ラザルスは晩年においても認知的評価が感情の発生の必要条件であるというスタンスを取り続けた（Lazarus, 1999）。

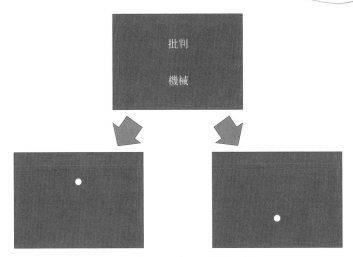

図 2　ドット・プローブ課題の例

注）　画面に 2 つの単語が呈示され（上の図），その後に，いずれかの単語が呈示されていた位置にドットが呈示される（下の左右の図）。

V　注意バイアスと解釈バイアス

　認知的評価によって，同じ状況を経験しても，人によって生じる感情が異なるという個人差を説明することが可能となる。しかし，なぜ状況の評価の仕方に個人差があるのだろうか。ここでは，認知的評価の個人差を生む要因であると考えられる注意バイアスと解釈バイアスを取り上げる。

　注意バイアスとは，ネガティブな視覚情報や聴覚情報に対する注意の向けやすさを指す。注意バイアスを測定する代表的な課題として，ドット・プローブ課題が挙げられる。本課題ではまず，パソコンの画面に 2 つの刺激が呈示される。図 2 に，単語刺激を用いた課題を例示した。画面の上部には「批判」という脅威語が，下部には「機械」という中性語が示されている。一定の時間が経過後に単語が消え，単語が呈示されていた位置のいずれかにドット（点）が呈示される。参加者は，画面のどちら側にドットが呈示されたのかを，できるだけ早くキーボードのキーを押して回答するよう求められる。なお，脅威語と中性語としてさまざまな種類の単語が用意され，それぞれが画面の上下のいずれかの位置に呈示される。

　そして，脅威語があった位置にドットが呈示されたときの方が，中性語があっ

た位置に呈示されたときより，どの程度キーを押すまでの時間が短かったのかが，ネガティブな情報に対する注意バイアスの指標となる。なぜなら，普段ネガティブな情報に対して注意を向けやすい者は，ドット・プローブ課題でも脅威語に対して視線を向けやすいため，その位置にドットが呈示された際にはすぐにドットを見つけることができ，ドットが逆の位置に呈示された際には見つけるのが遅くなるためである。なお，単語の替わりに，悲しみ，怒り，幸福などの感情を示した人物の画像（表情刺激）が用いられることもある。

　ドット・プローブ課題を用いた研究により，不安が強い者や不安症の罹患者は脅威語やネガティブな表情刺激に注意を向けやすいことが繰り返し確認されてきた。不安が強い者には，刺激が閾下呈示された場合にも注意バイアスが認められる（Bar-Haim et al., 2007）。以上の結果より，不安が強い者は環境にあるネガティブな情報を見つけやすく，この注意バイアスは自動的に生じていると考えられている。

　一方，抑うつやうつ病を対象とした研究でもネガティブな刺激に対する注意バイアスが認められている（Peckham et al., 2010）。また，うつ病の罹患者はネガティブな刺激に注意を向けやすいわけではない（つまり，それらの刺激を見つけやすいわけではない）が，ネガティブな刺激に注意を向けた後に，そこから注意をそらすのが困難であると考えられている（Duque et al., 2015）。

　解釈バイアスとは，肯定的にも否定的にもとれるような曖昧な状況に直面した際に，その状況について偏った解釈をする傾向を指す。解釈バイアスは，たとえば「デートに誘いたいと思っている異性が，あなたに話しかけてきました」というシナリオを呈示し，その状況で「その異性は，あなたのことをもっとよく知りたいのだろう」（肯定的），「その異性は，誰にでも話しかける人だろう」（中性的），「その異性は，あなたに気がないことを伝えるのではないか」（否定的）といった3種類の解釈をどの程度するのかを問う質問紙によって測定される（守谷ら，2007）。

　また，語彙判断課題での反応時間を指標として解釈バイアスの測定が試みられている。たとえば，ヒルッシュら（Hirsch et al., 2000）は，就職活動に関するシナリオを参加者に呈示し，その中で"As the interviewer asks the first question, you realize that all your preparation will be …（面接官が最初の質問をしたとき，あなたが準備をしてきたすべてのことが……とわかった）"といった一文を呈示する。その直後に，肯定的な結果を表す単語である"useful（役に立つ）"，否定的な結果を表す単語である"forgotten（思い出せない）"，ないし非単語（たとえば

"suffiecint"）を呈示し，参加者は呈示されたものが単語であるのか，非単語であるのかを，キーを押すことによってできるだけ早く回答するよう求められる。ネガティブな解釈バイアスが強い者は，上記の一文が呈示された際，すでに否定的な結末が頭に浮かんでいるため，"forgotten" といった否定的な単語が呈示されると，それが単語であると素早く認識することができる。このように，肯定的な結果に終わるのか，否定的な結果に終わるのかがわからない曖昧なシナリオを呈示し，その直後に呈示される肯定的ないし否定的な結果を表す単語の語彙判断に要する時間から解釈バイアスを測定するのである。

　解釈バイアスに関する研究は社交不安症を対象に行われることが多く，社交不安症の罹患者にはネガティブな解釈バイアスや，ポジティブな解釈バイアスの欠如が認められることが繰り返し確認されてきた。また，全般不安症，パニック症，うつ病などの疾患の罹患者にも解釈バイアスが認められる（Hirsch et al., 2016）。

　注意バイアスや解釈バイアスは認知的評価に影響を及ぼす要因であると考えられる。ネガティブな情報に対する注意バイアスが強い者は，普段生活しているときに，環境にあるネガティブな情報を見つけ，注目しやすいので，状況を脅威であったり，害－喪失であると見なしやすくなるだろう。また，解釈バイアスは状況の評価の仕方を歪める要因であるため，ネガティブな解釈バイアスが強い者は状況を挑戦であると見なしにくく，脅威や害－喪失であると見なしやすいだろう。

VI　反すう

　ここまでに言及してきた要因は，環境にある情報を基点とした評価や認知処理である。一方，感情が喚起された後の，その感情に関する評価に着目したのがノーレン・ホークセマ（Nolen-Hoeksema, 1991）である。彼女が着目した反すう（rumination）は，「自己の抑うつ症状や，その症状の影響に注意を焦点づけた行動と思考」と定義され，とくに自身が経験している抑うつ状態の原因や意味に関する自問自答によって特徴づけられる。

　反すうと抑うつの関連は多くの研究で確認されている。たとえば，ノーレン・ホークセマら（Nolen-Hoeksema et al., 1993）は，抑うつ状態の強い大学生と弱い大学生を対象に実験を行った。半分の参加者には8分間，自己や自身の身体感覚・感情について考えさせ，反すうを誘導した。残りの半分の参加者には，地元のショッピングセンターのレイアウトなど，自己以外のことを考えさせた（気そらし）。その結果，もともと抑うつ状態が強かった大学生のうち，反すうを誘導さ

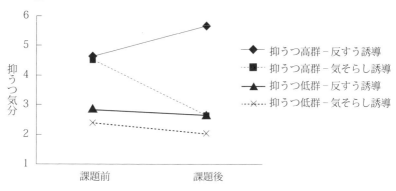

図3　抑うつ気分に及ぼす反すうと気そらしの効果（Nolen-Hoeksema et al., 1993）

れた群は気分が悪化し，気そらしを誘導された群は気分が改善した。一方，もともと抑うつ状態が弱かった大学生は，反すうや気そらしを誘導されても気分に変化はなかった（図3）。

　また，ノーレン・ホークセマ（Nolen-Hoeksema, 2000）は地域住民を対象に，1年間の間隔を空けて二度調査を行った。参加者は1回目の調査で普段どの程度反すうしているのかを測定する尺度である Ruminative Responses Scale に回答し，2回目の調査で，1年間の追跡期間にうつ病を発症したのかどうかが聴取された。その結果，1回目の調査時点でうつ病に罹患していなかった者の中で反すうをしやすかった者は，その後1年間にうつ病を発症しやすいことが示された。

　以上の結果より，抑うつ気分を喚起しているときに反すうすると，抑うつ気分が悪化し，うつ病の発症にも至ると考えられる。また，双極性障害，社交不安症，急性ストレス障害，心的外傷後ストレス障害，摂食障害，物質関連障害および嗜癖性障害群の疾患の罹患者も反すうしやすいという特徴がある（Nolen-Hoeksema, 2012; 長谷川，2019）。

　このような悪影響を生じるのにもかかわらず，なぜ反すうし続ける者がいるのだろうか。双生児研究の結果，反すうのしやすさの20〜30％程度が遺伝によって規定されることが示された。また，親から受けた不適切な養育や虐待が子どもの反すうを促すことが示唆されている（Grierson et al., 2016）。さらに，反すうには実行機能の障害が関与しており，自身の認知活動をコントロールする能力の欠如が反すうを導くと考えられている（Yang et al., 2017）。

　一方，反すうはコーピングの一種であるという見解もある。つまり，「過去に起きた悪い出来事の意味を理解するために，その出来事について考え続ける必要

がある」という信念を強固に保持する者は，ストレスフルな状況に直面した際に反すうすることを選択するということである。このような考え続ける（つまり，反すうする）ことに関する考え方をメタ認知的信念と呼ぶ（Papageorgiou et al., 2004）。

VII　おわりに

　認知的評価が心理的問題の一因であるのならば，その評価を変容することで問題を改善できるだろう。この発想が認知行動療法の根幹をなす。一方，状況や感情について評価することをやめ，くもりのない目でそれらを見つめることにより，必要以上に苦しむことを防ぎ，適切な行動を起こせるようになる。このような発想を背景とするマインドフルネスに基づく心理療法は，さまざまな疾患の改善に有効である（貝谷ら，2016）。認知的評価という切り口から，効果的な実践のあり方について考えてみるのも面白いだろう。

◆学習チェック
□　認知的評価の特徴や役割について理解した。
□　注意バイアスと解釈バイアスの測定方法やその影響について理解した。
□　反すうの定義やその影響について理解した。

より深めるための推薦図書
　　小杉正太郎編（2002）ストレス心理学―個人差のプロセスとコーピング．川島書店．
　　大平英樹編（2010）感情心理学・入門．有斐閣．
　　島義弘編（2017）ライブラリ心理学を学ぶ6 パーソナリティと感情の心理学．サイエンス社．

　　　文　　　献

Bar-Haim, Y., Lamy, D., Pergamin, L. et al.（2007）Threat-related attentional bias in anxious and nonanxious individuals: A meta-analytic study. *Psychological Bulletin*, 133; 1-24.
Duque, A. & Vázquez, C.（2015）Double attention bias for positive and negative emotional faces in clinical depression: Evidence from an eye-tracking study. *Journal of Behavior Therapy and Experimental Psychiatry*, 46; 107-114.
Grierson, A. B., Hickie, I. B., Naismith, S. L. et al.（2016）The role of rumination in illness trajectories in youth: Linking trans-diagnostic processes with clinical staging models. *Psychological Medicine*, 46; 2467-2484.
長谷川晃（2019）青年期・成人期の感情障害．In：日本感情心理学会企画，内山伊知郎監修：感情心理学ハンドブック．北大路書房，pp. 314-333.
林峻一郎編・訳，R・S・ラザルス講演（1990）ストレスとコーピング―ラザルス理論への招待．

星和書店.

Hirsch, C. R. & Mathews, A.（2000）Impaired positive inferential bias in social phobia. *Journal of Abnormal Psychology*, 109; 705-712.

Hirsch, C. R., Meeten, F., Krahé, C. et al.（2016）Resolving ambiguity in emotional disorders: The nature and role of interpretation biases. *Annual Review of Clinical Psychology*, 12; 281-305.

Holmes, T. H. & Rahe, R. H.（1967）The Social Readjustment Rating Scale. *Journal of Psychosomatic Research*, 11; 213-218.

貝谷久宣・熊野宏昭・越川房子編（2016）マインドフルネス―基礎と実践. 日本評論社.

Kunst-Wilson, W. R. & Zajonc, R. B.（1980）Affective discrimination of stimuli that cannot be recognized. *Science*, 207; 557-558.

Lazarus, R. S.（1982）Thoughts on the relations between emotion and cognition. *American Psychologist*, 37; 1019-1024.

Lazarus, R. S.（1999）*Stress and Emotion*. Springer.（本明寛監訳（2004）ストレスと情動の心理学―ナラティブ研究の視点から. 実務教育出版.）

Lazarus, R. S. & Folkman, S.（1984）*Stress, Appraisal, and Coping*. Springer.（本明寛・春木豊・織田正美監訳（1991）ストレスの心理学―認知的評価と対処の研究. 実務教育出版.）

守谷順・佐々木淳・丹野義彦（2007）対人状況における対人不安の否定的な判断・解釈バイアスと自己注目との関連. パーソナリティ研究, 15; 171-182.

Nolen-Hoeksema, S.（1991）Responses to depression and their effects on the duration of depressive episodes. *Journal of Abnormal Psychology*, 100; 569-582.

Nolen-Hoeksema, S.（2000）The role of rumination in depressive disorders and mixed anxiety/depressive symptoms. *Journal of Abnormal Psychology*, 109; 504-511.

Nolen-Hoeksema, S.（2012）Emotion regulation and psychopathology: The role of gender. *Annual Review of Clinical Psychology*, 8; 161-187.

Nolen-Hoeksema, S. & Morrow, J.（1993）Effects of rumination and distraction on naturally occurring depressed mood. *Cognition and Emotion*, 7; 561-570.

大平英樹（2010）感情の理論. In：大平英樹編：感情心理学・入門, 有斐閣, pp. 11-31.

Papageorgiou, C. & Wells, A.（2004）Nature, functions, and beliefs about depressive rumination. In: C. Papageorgiou & A. Wells (Eds): *Depressive Rumination: Nature, Theory, and Treatment*. Wiley, pp. 3-20.

Peckham, A. D., McHugh, R. K. & Otto, M. W.（2010）A meta-analysis of the magnitude of biased attention in depression. *Depression and Anxiety*, 27; 1135-1142.

島津明人（2002）心理学的ストレスモデルの概要とその構成要因. In：小杉正太郎編：ストレス心理学―個人差のプロセスとコーピング. 川島書店, pp. 31-58.

Yang, Y., Cao, S., Shields, G. S. et al.（2017）The relationships between rumination and core executive functions: A meta-analysis. *Depression and Anxiety*, 34; 37-50.

Zajonc, R. B.（1980）Feeling and thinking: Preferences need no inferences. *American Psychologist*, 35; 151-175.

第 2 部
感情が行動に及ぼす影響

ポジティブ感情の効果

伊藤正哉

Keywords　拡張 - 形成理論，元戻り効果，ライフスタイル変容の上方スパイラルモデル，ポジティブ感情の系統樹，アンヘドニア，報酬系，ポジティブ価システム，研究領域基準

　おいしいラーメンを食べているとき，音楽にノッているとき，大好きな人をぎゅっと抱きしめているとき，長年の頑張りが実を結んだとき，鳥肌が立つような感動に出逢ったとき，あなたは何を感じているだろうか？　おそらく，いずれの場面でもポジティブ感情を感じていることだろう。ポジティブ感情は私たちの生活において身近にあるものであるが，心理学においてその理解はあまり進んでおらず，近年になってさかんに研究されるようになった。そのため，本章ではいわゆる教科書的な知見に加えて，最近の見解を比較的多く紹介していく。本章では，Ⅰ節：ポジティブ感情が学術的にどう理解されているか，を踏まえ，Ⅱ節：ポジティブ感情の効果（機能）として有力な知見を紹介し，Ⅲ節：ポジティブ感情の精神病理とそれにまつわる介入法を紹介する。

Ⅰ　ポジティブ感情とは？

1．感情とは？

　感情そのものを定義するのが難しいように，ポジティブ感情を定義することも難しい。感情についてはさまざまな理論や研究アプローチがある（序章参照）が，なかでも一定程度のコンセンサスが得られている感情の定義は以下の通りであろう。すなわち，感情とは「短期間に生じ消える心理メカニズムで，多くの要素を含む。その大部分は自動的な心理メカニズム（さまざまな認知，生理，動作上の過程を調和させるメカニズム）であり，（進化論的な意味での個体や集団にとっての）適応度に関わる機会や脅威に対する適応的な反応を促進する」と定義される（Shiota et al., 2017）。噛み砕けば，感情とはその場の状況に応じて出てくる心理

反応のセットであり，いろいろな種類のものがあり，その反応セットは個体が生き残るために脅威や危険といったネガティブな状況を回避したり，食料・安全・仲間・知識といったポジティブな機会に接近するためにうまく行動が起こるように生命の進化の中で作られてきたもの，といえる。

2．基本情動理論におけるポジティブ感情

ダーウィン Darwin, C. の仕事を契機として，現在の心理学につながる感情研究は進化論の影響を強く受けて発展してきており，上記の感情の定義はその中で収束してきた見解である（ただし，認知的評価理論や社会的構成主義などさまざまな立場がある。序章参照）。進化論を基盤とする基本情動理論では，感情は自然淘汰の過程の中で生み出されてきた心理機能であると捉えられる。簡単に説明するならこうなる。ある個体Aと個体Bがいるとする。それら個体がある特定の環境（刺激，状況）に置かれるとする。その状況で，個体Aはある特定の認知 - 生理 - 行動的な反応（感情反応A）を起こす。別の個体は，それとは別の感情反応Bを起こす。個体Aは生存し，個体Bは死亡する。結果，個体Aがとった感情反応セットが子孫に受け継がれることとなる。このようにして，状況Aでは感情反応A，状況Xでは感情反応Xといった具合に，それぞれの基本感情が進化の過程で形成されてきたと考える（ここではあくまで単純化して説明した。進化論では生物学的な形質が遺伝するさまざまな過程が想定されている）。

基本情動の数や種類は，同じ基本情動理論にくくられる研究者や理論家の中でもさまざまである。この立場で最も有名なのは，おそらくエクマン Ekman, P. が表情認知の普遍性を示した研究だろう。この研究では幸せ，恐れ，嫌悪，怒り，驚き，悲しみを取り上げ，文化や種族にかかわらずこれらの感情表現とその認知が共通していることを示した（Ekman et al., 1969）。基本情動理論では，個々の基本情動には特有の状況，神経機構，非言語的表出，生理反応，認知評価，動機づけられる行動，主観的な体験等がセットになっていると仮定されている。たとえば，恐れは，目前の危険という状況，扁桃体を中心とする神経機構，怯えた表情，交感神経系の活性化という生理反応，「危険だ」という認知評価，そして逃走行動という反応のセットとして概念化できる。悲しみは喪失，怒りは侵害，嫌悪は有害物の曝露という状況で生起する。このように，基本感情は対応する状況やそれに対する認知 - 生理 - 行動的な反応がある程度区別されるものであり，それは普遍的に観察されると考えられている。

エクマンの古典的研究で取り上げられた6つの基本感情の中で，幸せ以外はネ

ガティブ感情である。恐れや怒りなどのネガティブな感情は，それぞれ特有の状況や反応が特定しやすい。しかし，ポジティブ感情である「幸せ」はさまざまな状況で起こり，幸せに特異的な認知 – 生理 – 行動的な反応を記載することは困難である。たとえば，人はラーメンを食べてうっとりしているときでも，試験に合格してガッツポーズを決めているときでも，好きな人から告白されて抱きしめられているときでも「幸せ」だろう。しかし，それらの感情体験時に同一の認知 – 生理 – 行動的な反応が起きているようには見えない。そこで，ポジティブ感情を理解するには，「幸せ」という全般的なポジティブ感情としてくくられるさまざまな感情状態を細かく分けて見る必要があり，実際にそのような理論が提唱されている。しかし，その知見を紹介する前に，そもそも「ポジティブ」とは何かを知っておこう。

3．ポジティブとは？

　最も使われる軸は，主観的な心地よさ（subjective pleasantness；誘意性〔valence〕，快 – 不快の軸）であり，心地よさ／快として主観的に体験される感情はポジティブで，気持ちよくなくて不快なものと体験される感情はネガティブと区別される。しかし，快の低さは不快の高さとイコールではなく，誘意性という一次元のみではさまざまな感情を整理できない。たとえば，嬉しくないことが不快であるとはいえないし，怖くないことが快感であるともいえない。実際，ポジティブ感情とネガティブ感情を測定する自記式尺度を用いた調査では，さまざまな文化で両者の相関が低いことが報告されている。そこで，誘意性と覚醒度を組み合わせる二次元モデル（Lang, 1995; Russell, 1980）や，誘意性と関与度を組み合わせる二次元モデル（Watson et al., 1985）などが提唱されてきた。また，ポジティブ – ネガティブの評価軸として，接近 – 制止の軸をとる観点もある。報酬への接近行動を起こすのがポジティブ感情で，制止（損害からの回避）行動を起こすのがネガティブ感情という見方である。多くの場合，快の誘意性をもち，接近行動を起こし，覚醒度が中くらいから高い覚醒度の感情状態をポジティブ感情とすることが多い。

II　ポジティブ感情の効果とは？

1．ポジティブ感情の効果

　進化論的な観点では，感情を状況に対する心理反応のセットであると捉える。

この前提に立つと，ネガティブ感情を体験しているということは，ネガティブな状況に置かれていることを意味し，ネガティブな状況を改善するための認知的，行動的努力が生起しやすくなると考えられる。一方で，ポジティブ感情を体験しているということは，ポジティブな状況に置かれていることを意味し，状況を改善するための認知的行動的な努力は必要ないこととなる。実際，さまざまな研究でこのような結果が示されてきた。たとえば，ポジティブ感情を体験している場合には，状況がポジティブに解釈されやすく，ヒューリスティックに頼ったステレオタイプ的な思考をとりやすくなるなど，「合理性」が弱まる（Pham, 2007）。フォーガス Forgas, J. P. はこのような「ポジティブ感情のネガティブな効果」を包括的に紹介している。たとえば，ポジティブ感情を体験していると，人はセルフ・ハンディキャッピングをしやすくなり，我慢強さがなくなり，判断ミスを犯しやすくなり，記憶力が低下し，騙されやすくなり，礼儀正しさがなくなり，利己的になり，公平性が失われる等である（Forgas, 2014）。恐怖や不安，悲しみなどはネガティブな情報に注意を向け慎重かつ細部までを認知的に処理するように機能するが，ポジティブ感情はそのような「その場の状況を改善する」機能を損ねる可能性すらあると考えられる。

2．拡張－形成理論，ライフスタイル変容の上昇スパイラルモデル

　ポジティブ感情はその場の状況を改善する方向に個体を向けないようであるが，より長期的に見ると肯定的な効果をもつようである。ポジティブ感情について一連の先駆的研究を報告したアイセン Isen, A. M. は，ポジティブ感情によって長期記憶の固定化，作動記憶，創造的な問題解決が向上することを示した（Ashby et al., 1999）。こうした先行研究をもとに，フレデリクソン Fredrickson, B. L. はポジティブ感情に関するより包括的な理論的説明を試みた。それが拡張－形成理論である（図 1 ；Fredrickson, 2001; Fredrickson et al., 2008）。この理論では，ネガティブ感情が短期・即時的な状況（多くの場合は脅威状況）に対応して起こる感情反応のセットとして捉えられるのとは対照的に，ポジティブ感情はより長期的な観点からの生存確率（多くの場合は「機会」状況）を高める感情反応のセットとして捉えた。言い方を変えると，ネガティブ感情が体験されるときには即時的な状況に合わせて注意と行動の幅が狭まることにより，問題を解決する方向に個体を向かわせる一方で，ポジティブ感情時には注意や行動の幅やレパートリを広げ，より快適な状況に個体を導くような創造性が高まる（ポジティブ感情の拡張仮説）。そして，このようにして認知的な機能が拡張されることで，個人の資

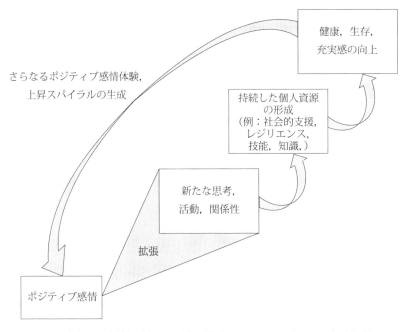

図 1　ポジティブ感情の拡張 – 形成理論（Fredrickson et al., 2008 より作成）

源（身体的資源，社会的資源，知的資源，心理的資源）が長期にわたり形成され
ると考えられる（ポジティブ感情の形成仮説）。

　さまざまな研究で，これら拡張仮説と形成仮説を支持する証拠が報告されてい
る。アイセンらの研究結果は拡張仮説と一貫するものであるし，他にも，ポジテ
ィブ感情の体験時には細部ではなく全体を見るような視覚処理がされたり，より
多くの行動選択肢が選ばれることが示されている。一方，拡張仮説については，
ポジティブ感情をよく体験し表出する人は，そうでない人に比べてレジリエンス
が高く，社会的なつながりを保ち，人生満足感や機能水準が高いことが報告され
ている。また，資源形成を目的とした慈愛瞑想による介入によってポジティブ感
情の体験頻度が高まることが示されている。

　拡張 – 形成理論をもとにして，フレデリクソンらはライフスタイル変容の上方
スパイラルモデルを提唱している（図 2, 図 3；Garland et al., 2010; Van Cappellen
et al., 2018）。この理論では，健康行動をすることでポジティブ感情が体験され，
その快適な体験から意識せずともポジティブな刺激に気づきやすくなるとともに
健康行動の動機づけが高まり，実際にポジティブな健康行動に従事しやすくなり，

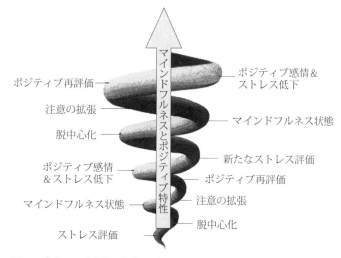

図 2　ポジティブ感情の上方スパイラル（Garland et al., 2010 より作成）

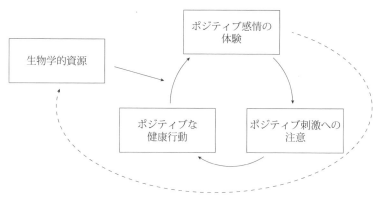

図 3　ライフスタイル変容の上方スパイラルモデル（Fredrickson, 2013; Van Cappellen et al., 2018 を参考に作成）

ポジティブな健康行動がさらなるポジティブ感情を生み出すという上昇志向の良循環を仮定している。

　なお，フレデリクソンによって示されたポジティブ感情の元戻り効果（undoing effect）も広く知られている（Fredrickson et al., 2000）。これは，実験室で被験者がネガティブ感情を体験するよう操作した後に，ポジティブ感情を体験するように操作すると，ネガティブ感情時に亢進した心臓血管系の反応がより早く回復するという効果である。ポジティブ感情そのものは心臓血管系に影響を与える（do

する）ことはないが，ネガティブ感情によって生起された心臓血管系の反応をよりすばやく回復させる（undo する）ことが示唆されたのである。

3．個別のポジティブ感情の機能

　拡張－形成理論では，ポジティブ感情を長期的に個体の生存や種の繁栄に有利な機会を導くような心理反応であると捉え，10 のポジティブ感情が取り上げられている（喜び〔joy〕，感謝〔gratitude〕，安らぎ〔serenity〕，興味〔interest〕，希望〔hope〕，誇り〔pride〕，愉快〔amusement〕，鼓舞〔inspiration〕，畏敬〔awe〕，愛〔love〕）。また，基本感情理論に大きな影響を与えたエクマンは，少なくとも16 の区別しうるポジティブ感情があると論じている（五感それぞれでの感覚的歓び〔sensory pleasure〕，興奮〔excitement〕，安堵〔relief〕，驚嘆〔wonder〕，エクスタシー〔ecstasy〕，栄光〔イタリア語の fiero〕，子どもへの誇り〔イディッシュ語の Naches〕，シャーデンフロイデ〔ドイツ語の Schadenfreude〕，感心〔elevation〕，感謝〔gratitude〕）。あるいは，評価理論では「益にかかわる感情（幸せ〔happiness〕，誇り〔pride〕，感謝〔gratitude〕）」，「機会にかかわる感情（好奇心〔interest〕，挑戦／決意〔challenge/determination〕，希望〔hope〕）」，評価理論では説明しづらい感情（愛情〔affection〕，思いやり〔compassion〕，畏敬〔awe〕，平穏〔tranquility〕）を整理し，論じている（Smith et al., 2014）。これらを見てもわかるとおり，研究者によってさまざまな区別がされており，ポジティブ感情の分類についてはコンセンサスが得られている状況ではない。

　その中で，神経科学の知見を取り入れつつ，進化論の観点からポジティブ感情を体系的に分類する理論が提示されている（Shiota et al., 2017）。この理論はポジティブ感情の系統樹（family tree；図 4）で表現され，表 1 に示した 9 のポジティブ感情が提示されている。この理論では，ポジティブ感情は食料の獲得というより原始的な生存に関わる機能（熱意〔enthusiasm〕，歓び〔pleasure〕，充足感〔contentment〕）から，生殖し子孫や仲間を養育するとともに集団を形成し地位を保つという社会性に関わる機能（性的欲望〔sexual desire〕，養育愛〔nurturant love〕，アタッチメント愛〔attachment love〕，誇り〔pride〕），そして，複雑な技能習得や情報処理を促す高次処理機能（楽しさ〔amusement〕，畏敬〔awe〕）をもつと考える。そして，より原始的な神経基盤（中脳辺縁系のドーパミンが関与する報酬系システム）が，社会的な行動に関わる生理神経機構（オキシトシン，セロトニン，カンナビノイド）や，抽象的思考を司る前頭前野のシステムと関わり合って，さまざまなポジティブ感情の体験が生起する考えられている（図 4，表

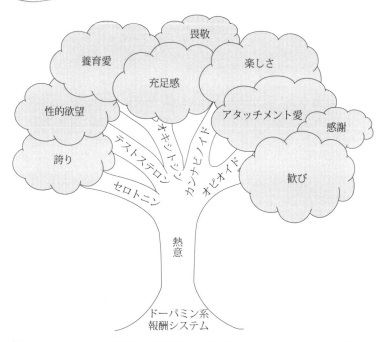

図 4　シオタらによるポジティブ感情の「系統樹」(Shiota et al., 2017 より作成)

1)。この理論は 2017 年にはじめて整理された形で提案されたところであり, 今後の検証が求められる。

Ⅲ　ポジティブ感情にまつわる精神病理とその介入

1. ポジティブ価システムの欠損

　ポジティブ感情はさまざまな疾患の精神病理と関係している。単純化すれば, ポジティブ感情が少なすぎることは抑うつ, 多すぎることは双極性障害, 特定の刺激に限局した渇望が過剰な場合は物質関連障害および嗜癖性障害となる。なかでも, 歓びを感じられないという症状はアンヘドニア (Anhedonia) と呼ばれ, 1897 年にフランスの学者リボー (Ribot, 1897) が記述している。アメリカ精神医学会による『精神疾患の診断・統計マニュアル 第 5 版』(DSM-5) では, アンヘドニアは大うつ病性障害の 2 つの中核症状の 1 つ (興味または喜びの消失) であるとともに, 統合失調症の陰性症状の 1 つ (快感消失) として含まれている (American Psychiatric Association, 2013)。アンヘドニアは「報酬系システムの不調」とし

表 1　シオタらによるポジティブ感情の分類（Shiota et al., 2017 を参考に作成）

感情	関連する神経機構	その感情が体験される機会	その感情の機能
熱意 （enthusiasm）	中脳辺縁系，ドーパミン	食料などの資源が予想されるとき	資源への接近行動を起こす
歓び（liking/ pleasure）	オピオイド	食料を摂取するなど資源を消費しているとき	摂取物を味わい，さらなる摂取を起こす
充足感 （contentment）	オキシトシン	資源を獲得し消化したとき	休息し消化を促す。成功を記憶にとどめる
性的欲望 （sexual desire）	テストステロン	子孫を残すうえでよりよい相手が存在するとき	相手を魅了し, 性的な行動, 生殖への接近行動を起こす
養育愛 （nurturant love）	オキシトシン	助けが必要な親族や子孫が存在するとき	保護し，養い，育む行動を起こす
アタッチメント愛（attachment love）	オピオイド	所属, 相互依存, 親密さに関わる状況（感謝［Gratitude］は，他者から恩恵を受けたとき）	他者や集団に同調し，他者からの養育やケアを引き出す
誇り（pride）	セロトニン	同種族の中での地位を高める機会を得たとき	地位を維持し高める行動を引き起こす
楽しさ （amusement）	カンナビノイドと大脳基底核	ユーモアがあったりや遊んでいる状況	柔軟で複雑な認知処理や行動技能のレパートリーを増やす
畏敬（awe）	―	既存の知識では理解しえない豊かな情報を含む状況	複雑な新奇情報を同化し，スキーマを構築する

て上述の両者の意味を含めて研究されてきたが，トレッドウェイらは以下の 2 つのプロセスを区別すべきとしている（Treadway et al., 2011）。うつ病の場合は動機づけ的アンヘドニア（motivational anhedonia）とも呼ばれ, 報酬への接近が起こりにくいのを特徴とする。一方で，統合失調症の陰性症状としてのアンヘドニアは,歓びという体験ができなくなっている消費的アンヘドニア（consummatory anhedonia）という側面が強調される。

　アメリカ国立精神保健研究所は研究領域基準（Research Domain Criteria：RDoC）という枠組みを提唱しており，この枠組みでは精神機能を 6 大システム（ネガティブ価システム［Negative Valence Systems］，ポジティブ価システム［Positive Valence Systems］，認知システム［Cognitive Systems］，社会過程システム［Systems for Social Processes］,覚醒・制御システム［Sensorimotor Systems］，感覚運動システム［Sensorimotor Systems］）に分類し，それぞれのシステムを遺

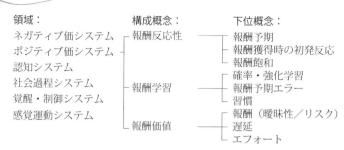

図5　研究領域基準におけるポジティブ価システムの分類

伝子，分子，細胞，神経回路，生理，行動，自己報告，研究パラダイムの分析ユニットに分割し整理している[注1]（Cuthbert et al., 2013）。RDoC では旧来「報酬系システム」と呼ばれ研究されてきた精神過程を「ポジティブ価システム」と呼び，その下位概念を整理している（図5）。アンヘドニアもしくはポジティブ感情の精神病理は，これらのいずれかの心理プロセスでの失調もしくはその組み合わせとして理解できる。

2. ポジティブ感情の調整不全

　グロス Gross, J. J. による感情調整のプロセスモデル（第7章参照）は感情研究に大きな影響を与えているが，ポジティブ感情の精神病理を理解するうえでも役に立つ。感情調整とは，感情の生起，質，頻度，強度，持続時間などに関わるあらゆる過程における調整を指す。このモデルでは感情が生起し持続もしくは消失する過程を4つ（状況選択・修正，注意配分，認知変容，反応調節）に分けている。すなわち，自分がどのような状況に身を置いてどう働きかけるか（状況選択・修正），何に注意を向け（注意配分），どう捉え（認知変容），どう行動するか（反応調節）によって，感情が調整されると考える。このプロセスモデルに従って，カールら（Carl et al., 2013）はうつ病，不安症，双極性障害における感情調整不全を表2のように整理している。RDoC 分類と対照させると，状況選択・修正は報酬予期，注意配分は報酬獲得時の初発反応，反応調節は報酬学習に関係するプロセスと理解できる。表2では簡略化して記載しているが，おおまかには不安症はネガティブな情報に注意を向けやすい特徴があり，うつ病はポジティブな情報に注意が向かなくなる傾向がある（Carl et al., 2013）。双極性障害は，過度にポジティブ感情を生起させる接近し，注意を向け，ポジティブな情報処理をしやす

注1）　2020年3月2日時点。https://www.nimh.nih.gov/research/research-funded-by-nimh/rdoc/definitions-of-the-rdoc-domains-and-constructs.shtml

表 2　不安症，うつ病，双極性障害におけるポジティブ感情調整不全（Carl et al., 2013 をもとに作成）

感情調整のプロセス	不全の特徴	不安	うつ	双極
状況選択・修正	ポジティブ感情を生起させそうな状況への接近の欠如	＋＋	＋＋	
	ポジティブ感情を生起させそうな状況への過剰な接近			＋＋
注意配分	ポジティブ刺激への注意の欠如	＋＋	＋＋	
	ポジティブ刺激への過剰な注意			＋
認知変容	ポジティブな評価の欠如	＋＋	＋＋	
	過剰なポジティブ評価			＋＋
反応調節	ポジティブ感情の過剰な下方調整	＋＋	＋＋	＋
	ポジティブ感情の過剰な上方調整			＋＋

注）　＋＋追試されている知見，＋予備的もしくは結果が混在する知見。

い傾向がある。

3．ポジティブ感情に注目した心理社会的介入

　ポジティブ感情に着目した介入は大きく 2 種類に分けられる。1 つは，非臨床群もしくは一般健常者を対象としてポジティブ感情，幸福感，ウェルビーイングなどポジティブなアウトカムを高めることを目的とした介入である。その多くはポジティブ心理学の文脈で研究されている（Quoidbach et al., 2015）。レビュー論文にてエビデンスが強いと判断された介入としては，親切な行為の実践，笑うエクササイズ，行動活性化，想像しうる最高の自分をイメージしての筆記，自分の強みを見つけてそれを活かす実践，感謝の手紙を書く，筋弛緩リラクセーションをしてポジティブなイメージを思い描く，希望療法，最高にポジティブな瞬間を筆記する，マインドフルネス療法，生活の質療法，ポジティブな記憶を話す，解決焦点コーチングである（Quoidbach et al., 2015）。メタ解析によれば，主観的ウェルビーイングや心理的ウェルビーイングに対するポジティブ心理学的介入の効果サイズは 0.2 〜 0.3 であった（Bolier et al., 2013）。

　ポジティブ感情に着目したもう 1 種類の介入は，ポジティブ感情に関する精神病理が想定される精神疾患（うつ病，双極性障害，不安症，統合失調症，物質使用障害,嗜癖性障害など）に対して,その精神疾患のネガティブな症状が改善することを意図してポジティブ感情に関わる介入を行うものである。これには,RDoC の

表3　ポジティブ感情調整の各プロセスに応じて整理したエビデンスの認められている介入法
（Carl et al., 2013 をもとに作成）

感情調整の プロセス	技法	その技法を含む療法	主な 対象疾患
状況選択・ 修正	状況選択と修正に関する機能分析	行動活性化	うつ病
	段階的課題設定と適応的強化子の設定	行動活性化	うつ病
	歓びと達成の活動計画	認知療法	うつ病
	目標と行動の解離の同定と修正	自己制御療法	うつ病
	ポジティブ感情を育むポジティブ心理学的エクササイズ	ポジティブ心理学的介入	うつ病
	活動のモニタリングと調整	対人関係・社会リズム療法	双極性障害
	目標設定と活動ペースの設定	目標設定プログラム	双極性障害
注意配分	マインドフルネス訓練	マインドフルネス認知療法	うつ病
	ポジティブ焦点の集中瞑想	慈愛瞑想	うつ病
	注意再訓練	注意修正	うつ病
	味わうエクササイズ	ポジティブ心理学の介入	うつ病
認知変容	自動評価の認知再構成	認知療法，ウェルビーイング療法	うつ病
	目標追求に関する信念の再評価	目標設定プログラム	うつ病
	解釈バイアスの修正	注意修正	うつ病
	"ありがたかった出来事を数える"，感謝エクササイズ	ポジティブ心理学の介入	うつ病
反応調節	マインドフルネスとアクセプタンス戦略	マインドフルネス認知療法，アクセプタンスベースの行動的介入，アクセプタンス＆コミットメントセラピー，感情障害に対する診断を越えた治療のための統一プロトコル	うつ病，不安症
	認知的ディスタンシング技法		うつ病
	感情曝露と感情駆動行動の変容	感情障害に対する診断を越えた治療のための統一プロトコル	うつ病

枠組みを取り入れた療法として高齢者のうつに対する認知行動療法（Alexopoulos et al., 2014）や，成人のアンヘドニアに特化した認知行動療法（Craske et al., 2016），ポジティブ心理学の研究でウェルビーイングの増進を示した介入法が精神疾患の患者に適応する試みもある（Taylor et al., 2017）。また，既存の心理療

法においても，ポジティブ感情に関する介入が含まれている。カールら（Carl et al., 2013）は，上述の感情調整のプロセスごとに既存のエビデンスベースの介入がどのように位置づけられるかを整理している（表3）。

IV　まとめ

　本章ではポジティブ感情の知見を紹介したが，その多くは萌芽的な段階にある。知見が確立していないということは，これからたくさんのことが解明される余地が大きい領域であるということである。また，もしかしたら，いままさに人類はポジティブ感情を進化させ分化させている最中にいて，100 年後の人類は現在我々が感じるものとは違ったポジティブ感情を感じているかもしれない。これはロマンティックな空想ではあるが，本章を読む方々が，今後，進化の速度に負けず，ポジティブ感情の謎を解明してくれることを期待する。

◆学習チェック
□　ポジティブ感情の定義を理解した。
□　ポジティブ感情が行動に及ぼす効果を理解した。
□　ポジティブ感情の拡張 – 形成理論を理解した。
□　ポジティブ感情が精神病理と関わることを理解した。
□　ポジティブ感情に関係する心理社会的介入法を理解した。

より深めるための推薦図書
　　Tugade, M. M., Shiota, M. N., Kirby, L. D. et al.（2016）*Handbook of Positive Emotions*. Guilford Publications.
　　Gruber, J. & Moskowitz, J. T.（2014）*Positive Emotion: Integrating the Light Sides and Dark Sides*. Oxford University Press.
　　岡野憲一郎（2017）快の錬金術──報酬系から見た心．岩崎学術出版社．

　　文　　献
Alexopoulos, G. S. & Arean, P.（2014）A model for streamlining psychotherapy in the RDoC era: The example of 'Engage'. *Molecular psychiatry*, 19(1); 14-19.
American Psychiatric Association（2013）*Diagnostic and Statistical Manual*, 5th edition. American Psychiatric Association.
Ashby, F. G. & Isen, A. M.（1999）A neuropsychological theory of positive affect and its influence on cognition. *Psychological Review*, 106; 529-550.
Bolier, L., Haverman, M., Westerhof, G. J. et al.（2013）Positive psychology interventions: A meta-analysis of randomized controlled studies. *BMC Public Health*, 13(1); 119.
Carl, J. R., Soskin, D. P., Kerns, C. et al.（2013）Positive emotion regulation in emotional disorders:

A theoretical review. *Clinical Psychology Review*, 33; 343-360.

Craske, M. G., Meuret, A. E., Ritz, T. et al.(2016)Treatment for anhedonia: A neuroscience driven approach. *Depression and Anxiety*, 33; 927-938.

Cuthbert, B. N. & Insel, T. R. (2013) Toward the future of psychiatric diagnosis: The seven pillars of RDoC. *BMC Medicine*, 11; 126.

Ekman, P., Sorenson, E. R. & Friesen, W. V. (1969) Pan-cultural elements in facial displays of emotion. *Science*, 164(3875); 86-88.

Forgas, J. P. (2014) On the downside of feeling good: Evidence for the motivational, cognitive and behavioral disadvantages of positive affect. In: J. Gruber & J. T. Moskowitz (Eds.): *Positive Emotion: Integrating the Light Sides and Dark Sides*. Oxford University Press, pp. 301-322.

Fredrickson, B. L.(2001)The role of positive emotions in positive psychology: The broaden-and-build theory of positive emotions. *The American Psychologist*, 56; 218-226.

Fredrickson, B. L. (2013) Positive emotions broaden and build. *Advances in Experimental Social Psychology*, 47; 1-53.

Fredrickson, B. L. & Cohn, M. A. (2008) Positive emotions. In: M. Lewis, J. M. Haviland-Jones & L. F. Barrett (Eds.): *Handbook of Emotions*, 3rd edition. Guilford, pp. 777-796.

Fredrickson, B. L., Mancuso, R. A., Branigan, C. et al. (2000) The undoing effect of positive emotions. *Motivation and Emotion*, 24; 237-258.

Garland, E. L., Fredrickson, B., Kring, A. M. et al. (2010) Upward spirals of positive emotions counter downward spirals of negativity: Insights from the broaden-and-build theory and affective neuroscience on the treatment of emotion dysfunctions and deficits in psychopathology. *Clinical Psychology Review*, 30; 849-864.

Lang, P. J.(1995)The emotion probe: Studies of motivation and attention. *American Psychologist*, 50; 372-385.

Pham, M. T. (2007) Emotion and rationality: A critical review and interpretation of empirical evidence. *Review of General Psychology*, 11; 155-178.

Quoidbach, J., Mikolajczak, M. & Gross, J. J.(2015). Positive interventions: An emotion regulation perspective. *Psychological Bulletin*, 141; 655-693.

Ribot, T. (1897) *The Psychology of the Emotions*. Walter Scott.

Russell, J. A. (1980) A circumplex model of affect. *Journal of Personality and Social Psychology*, 39; 1161-1178.

Shiota, M. N., Campos, B., Oveis, C. et al.(2017)Beyond happiness: Building a science of discrete positive emotions. *American Psychologist*, 72; 617-643.

Smith, C. A., Tong, E. M. W. & Ellsworth, P. C. (2014) The differentiation of positive emotional experience as viewed through the lens of appraisal theory. In: M. Tugade, M. Shiota & L. D. Kirby (Eds.): *The Handbook of Positive Emotions*. Guilford, pp. 11-27.

Taylor, C. T., Lyubomirsky, S. & Stein, M. B. (2017) Upregulating the positive affect system in anxiety and depression: Outcomes of a positive activity intervention. *Depression and Anxiety*, 34; 267-280.

Treadway, M. T. & Zald, D. H. (2011) Reconsidering anhedonia in depression: Lessons from translational neuroscience. *Neuroscience & Biobehavioral Reviews*, 35; 537-555.

Van Cappellen, P., Rice, E. L., Catalino, L. I. et al. (2018) Positive affective processes underlie positive health behaviour change. *Psychology & Health*, 33; 77-97.

Watson, D. & Tellegen, A. (1985) Toward a consensual structure of mood. *Psychological Bulletin*, 98; 219-235.

ネガティブ感情の効果

及川昌典

⊶ *Keywords*　感情情報説，怒り，罪悪感，嫌悪，情動知能

I　感情とは何か？

　「あなたは感情的な人ですね」。そう言われて喜ぶ人は少ない。感情という言葉には，未熟で野蛮な響きがあるためかもしれない。思慮深い判断が尊重される現代社会においては，喜びや興奮，快楽といったポジティブな感情すらも，衝動的でやっかいなものとして捉えられることがある。ましてや，怒りや恐怖，不安といったネガティブな感情は，不適切な言動や人間関係の崩壊を導く，不健全なものとして敬遠されることが多い。しかし，本当にやっかいなものでしかないとしたら，私たちはなぜこのような感情をもっているのだろうか？

　感情さえなければ，抑うつや依存症といった煩わしい問題から解放されるかもしれない。しかし，感情を失えば問題解決や自己向上，人間関係などを支える感情の機能も失われてしまう。表面上はたんなる気分の良し悪しにすぎないように見える感情も，表面下では精緻に分類することができ，人間の複雑な心と行動を支えている。本章では，ネガティブな側面が強調されがちな感情が，私たち人間の暮らしに果たす役割について解説する。

1．感情の分類

　気分（mood），情動（emotion），感情（affect）といった言葉は，日頃はあまり区別されることなく曖昧に用いられている。しかし，感情の分類を理解することは，その特徴や種類の異なる状態の関係について考えるために重要となる。たとえば，良い気分か悪い気分かはわかっても，なぜそのような気分になったのか，原因までは特定することができない感情状態は，気分（mood）に分類される。原

因を特定することはできなくても，気分は私たちが置かれた環境や心身の状態が概して快適か不快かを教えてくれる。また，気分は目標の進捗が順調であるかどうかを知らせることで，適切に注意を配分する役割も担っている。

　社会の規範から逸脱したことに対する罪悪感のように，原因がはっきりと意識できる感情状態は，情動（emotion）に分類される。原因を特定することができない気分に比べると，特定の事象に対する情動はより強い反応を伴うことが多い。しかし，理性的な判断や行動から私たちを遠ざけるやっかいなものであるという一般的な思い込みとは裏腹に，情動にはむしろ問題となる事態の発生を迅速に知らせる情報機能があり，問題への対処行動を導く動因としても働く。

　情動には，喜び，愛情，満足などのポジティブなものから，怒り，不安，恐怖，嫉妬，哀しみなどのネガティブなものまでさまざまなものがあるが，情動の内容は問わずにその感情価（valence）だけを指して，ポジティブ感情（positive affect）またはネガティブ感情（negative affect）と分類することもある。ポジティブ感情やネガティブ感情は，第一印象に基づく好き嫌いのように，情動が体験されるよりも早い段階で，意識を伴わずに生じることもある。このような自動的な感情反応（automatic affect）は，意識できるよりも素早く効果的に，過去の経験に基づく即断や，表情の変化などの身体反応を導く。

　気分や情動，そして感情は定義の上では明確に区別されるが，実際には相互に影響し合い，同時ないしは連続して経験されることもある。たとえば，特定の事態（仕事での失敗）が原因となって情動（罪悪感）が生じたことで，気分（ネガティブ気分）が影響されることもある。そのときの気分（ポジティブ気分）によって特定の事態（仕事での失敗）の解釈が影響され，異なる情動や対処が生じることもある。気分や情動の変化は，感情として表情や身体反応に出ることもある。

　気分や情動や感情の状態は常に変動しているが，やがてもとの水準へと戻る。たとえば，苦いものを口にすると即座に表情が歪む。しかし，健康によいという意識が追いつくことで，吐き出さずに済む。なぜかイライラするかもしれないが，それも長くは続かない。このように，感情には相互に影響し合いながら私たちの心と行動を支える，種類の異なる状態が含まれている。本章では，意識的な情動と，自動的な感情反応，そして気分の 3 つを含む総称として，感情という言葉を用いる。

2．感情情報説

恐怖や不安など，精神障害の診断基準に含まれるような否定的な感情さえも，

本来は個体の生存にとって重要な役割を果たしている。また，ネガティブ感情は生存に必要なだけでなく，ポジティブ感情を経験するためにも必要となる。社会に適応し，また，よりよい暮らしのために挑戦を続ける健全な人生を送るために，私たちは人間ならではの幅広い感情を享受しているのだ。もちろん，恐怖や不安を必要以上に感じてしまうことは問題である。しかし，私たちが置かれた社会の環境は複雑であり，そこに暮らす人々との関係もまた複雑である。そのため，たとえば本当に危険が迫っているのかをゆっくりと精査していては手遅れになってしまうことも多い。危険を察知して瞬時に逃れることができるのは，恐怖や不安を感じることができるからに他ならない。よりよい人生や他者との関係を維持するためには，感情的にならずに何事も精査しようとするよりも，幅広い感情をいつどのように働かせるべきかを知る方が有益である。

　シュヴァルツ（Schwarz, 1990）によると，感情は何か注意すべき重要な事態が起きたときに，それを迅速かつ強制的に伝える情報としての機能を果たす（感情情報説：feelings as information）。たとえば，怒りは不正の発生を，悲しみは喪失の可能性を，恐怖は危険の接近を伝える。不安は先行きの見通しが立たないことや，不測の事態が予想されることを伝える。感情が重要な事態を伝える信号であるならば，感情を無視すれば何か重要な事態を見過ごすことになる。感情が私たちの活動を中断させてまで，強制的に割り込んでくるのはそのためである。

　もしもみずからの意志で自由にネガティブな感情を捨ててしまえたなら，それを避けるために，わざわざみずからの行動を調節する必要はなくなってしまう。たとえば，罪悪感によって不快な思いをすることを避けるために，人は約束やルールを守り，他者に親切にするというように，みずからの行動を適切に調節しようとする。このように，罪悪感は不快な情動だが，社会の規範から逸脱してしまったことを知らせる重要な役割を果たしている。感情は自由にコントロールすることができないからこそ，賞罰のフィードバックとしての機能をもち，個人の生存や社会の規範に適った行動を促す役割を果たすことができるのである。

3．感情が生じる仕組み

　感情は心と身体が交差する場所である。微妙な不快感のように，意識することができないような自動的な感情反応にも，わずかながら生理的な喚起や覚醒水準の上昇が伴う。意識される気分や情動であれば，心拍や呼吸を速める緊張や興奮といった生理反応を，よりはっきりと観察することができる。たとえば，怒りや恐怖などを感じると，交感神経系が活発になり，鼓動が激しくなったり，呼吸が

乱れたりする。顔は紅潮し，喉や目は渇き，筋肉は硬直する。これは，逃げるべきか闘うべきかなどと考えるよりも先に，身体が異常事態に対応するための準備を始めるためである。

　感情は頭だけでなく全身で生じる現象だが，ストレス・ホルモンなどの脳内物質が分泌されることで，感情の影響は身体だけでなく気分や考え方にも及ぶ。感情は重要事態の発生を瞬時に強制的に知らせる信号としての働きを果たすとともに，事態に対応するための準備を完了させる。このような感情の働きによって，理性的に考えていてはとても間に合わないような場合にも迅速に対応することができるのである。

　イザード（Izard, 1971）は，身体反応の中でも感情と深く関わる表情筋の働きに注目し，表情が情動を生じやすくするという，顔面フィードバック仮説（facial feedback hypothesis）を提唱している。脳が表情筋の変化を検出し，情動の手がかりとして用いるというのである。たとえば，「イ」と発音するときのように口を横に広げてペンを咥えると大頬骨筋が収縮して自然と笑顔になる。また，「ウ」と発音するときのように唇を尖らせてペンを咥えると自然としかめ面になる。このように，感情を意識させずに表情を作らせた場合，表情に応じた情動が生じやすくなるため，しかめ面で漫画を読んだ場合には笑顔のときほど楽しく感じられなくなる（Strack et al., 1988）。

　ニールら（Neal et al., 2011）によると，顔面フィードバックは，みずからの情動だけでなく，他者の感情の理解にも用いられる。アンチエイジングを目的として行われる皺とりのためのボトックス注射の思わぬ弊害は，顔面フィードバックを阻害することで，他者の表情の読み取りを困難にすることである。本来であれば，他者の不快な表情を見ると，自然と不快な表情になり，その顔面フィードバックが他者の感情を理解する手掛かりとなる。ボトックス注射によって顔面フィードバックが損なわれると，他者の表情を無意識のうちに模倣して感情を理解する能力が損なわれてしまうのである。

①ジェームズ・ランゲ説

　あなたが本から顔を上げるとクマと目が合ったとしたら，まず恐怖を感じ，次に心臓が高鳴り始め，直後に逃げ出していると思うかもしれない。しかし，19世紀後半，ジェームズ（James, 1890）は逆の順序が正しいと考えた。すなわち，クマと目が合うと，まず身体や脳が自動的に反応することで生理的な喚起状態が生まれ，次にその生理反応に対する主観的な評価が加わることで，意識的な情動が

生まれる。ジェームズの考えでは，情動は生理反応に基づく体験であり，生理反応なくして情動はない。すべての情動体験には独自の生理反応が存在する。ランゲ Lange, C. もほぼ同時期に同様の主張をしており，この考えはジェームズ・ランゲ説（James-Lange theory of emotion）と呼ばれる。悲しいから涙が流れるのではなく，涙が流れるから悲しいというわけである。しかし，種類の異なる情動ごとに特有の生理反応があるというわけではない。むしろ身体が示す生理的喚起の反応は，情動の種類を問わず似通っている。たとえば，涙は悲しみの反応とは限らず，喜び，怒り，恐怖など，さまざまな情動に伴う生理反応である。逆に，涙を伴わない悲しみもある。このように，涙は悲しみ特有のサインではなく，強い情動に共通した生理的喚起のサインであると考えられる。

②キャノン・バード説

　すべての情動反応に，身体反応が先立つというのは本当だろうか？　たとえば，人前で失敗をすると即座に恥ずかしさを感じるが，顔が紅潮するまでには時間がかかる。また，心臓の高鳴りなどの身体反応を正確に検出することは難しく，そのような微妙な変化から情動を感じ取っているとは考えにくい。ジェームズの弟子にあたるキャノンは，ジェームズ・ランゲ説を発展させ，弟子のバードとともに（Bard, 1934），キャノン・バード説（Cannon-Bard theory of emotion）を提唱した。彼らによると，他者の表情などの感情的な刺激に接触すると，無意識の生理反応と，意識的な感情体験が，それぞれ独立した経路から同時に生じる。感情的な刺激との接触は，視床（脳の深い部分）を賦活させることから始まり，そこから意識的な感情体験を生じさせる大脳皮質（脳の浅い部分）と，生理的喚起を生じさせる視床下部（視床のすぐ下）や自律神経系へと至る情報伝達の流れを生み出す。たとえば，夜道の一人歩きで後ろから足音が聞こえると，視床から2つの情報が同時に送られる。1つは恐怖の意識的な感情体験を生じさせ，もう1つは無意識の生理的喚起を生み出すというわけである。

③シャクター・シンガー説

　生理的喚起から感情体験が生じるとするジェームズ・ランゲ説と，生理的喚起と感情体験はそれぞれ独立した経路だとするキャノン・バード説とでは，どちらが正しいのだろうか？　シャクターとシンガー（Schachter et al., 1962）は，これらの説を整理し，感情には生理的喚起とそれを情動として特定する認知ラベルの2つの要素があるとする，シャクター・シンガー説（Schachter-Singer theory of emotion）を提唱した。生理的喚起はどの感情でもほぼ同じだが，認知ラベルは情動ごとに異なる。生理的喚起は交感神経系の賦活によるもので，心拍，血圧，呼吸量などを上昇させる。これは情動としてのラベルをもたない，一般的な緊張状態である。生理的喚起がラジオの音量のようなものだとするなら，認知ラベルはラジオの番組のようなものと考えられる。音量を上げれば感情が強くなるが，特定の番組にチューニングが合うまでは，どの情動が体験されるかはわからない。気持ちを切り替えれば，特定の理由から生じた生理的喚起に対する認知ラベルを変更し，別の情動を体験することもできる。

④感情の誤帰属

　カフェイン抜きのコーヒーを注文しても，実際には普通よりもカフェインが少なめだというだけで，完全にカフェイン抜きではないことがある。そうとは知らずに，これを飲むとどうなるだろうか？　身体にはカフェインによる生理的喚起が生じる。すると心は，この興奮を説明するための認知ラベルを探し始める。そのときに楽しい人と一緒にいたならば，カフェインによる生理的喚起はその楽しさに転移して，幸せな情動を増幅させるかもしれない。しかし，いらだたしい人と一緒にいたならば，カフェインによる生理的喚起はいらだたしさに転移して，怒りの情動を増幅させるかもしれない。シャクターとシンガー（Schachter et al., 1962）によるオリジナルの実験では，カフェインではなくエピネフリン注射が用いられたが，原因不明の生理的喚起が後の出来事に転移し，認知ラベルによって異なる情動を生じさせることは，生理的喚起の転移（excitation transfer）と呼ばれる。

　ダットンら（Dutton et al., 1974）によると，認知ラベルによっては，恐怖が愛情に変わることもある。地上 70 m の不安定な吊橋の上で，または地上 1 m もない安定した橋の上で，魅力的な女性にアンケートへの協力を求められた男性は，調査についてくわしい説明が聞きたければ電話するようにと，女性から電話番号を渡される。不安定な吊橋の恐怖から生じた生理的喚起が，女性の魅力に誤って帰属されたなら，女性への愛情が増幅され，電話をかけたくなるというわけである。実際に，不安定な吊橋の上では，安定した橋の上に比べ，より多くの男性が電話をかけた。もっとも，高圧的な態度で人を緊張させれば好かれるのかといえば，もちろんそうではない。カフェインやエピネフリンや不安定な吊橋のように，認知的な評価が曖昧な生理的喚起は，ポジティブにもネガティブにも誤帰属される。しかし，はっきりとポジティブまたはネガティブな情動体験から生じた生理

的喚起が，誤帰属や意識的なラベルの変更によって逆転することは少ない（Zanna et al., 1976）。

■ II　ネガティブな情動

　怒りや軽蔑，罪悪感や恥，嫌悪などといった不快な情動を好む人はいない。これらのネガティブな情動は，しばしば後悔するような衝動的な言動や，人間関係の崩壊，精神障害や社会規範からの逸脱を導くこともある。なぜ私たちは，このような不快でやっかいな情動をもっているのだろうか？

1．怒　　り

　怒りはやっかいな情動である。怒りには不快な状態の改善へと人々を駆り立てる作用があるが，興奮のあまりリスクを顧みず，後悔するような衝動的な振る舞いに至ることもある。怒りは問題を正そうとする情動であり，その引き金となるのは他者の過ちである。他者の過ちが意図的で，有害で，無作法に思えるほど，怒りを覚える程度は強くなる。たとえば，時間や財産，尊厳など，自分が大切にしているものが意図的に傷つけられたと思うと，人は怒りを示すことで相手を正し，自己価値を回復させようとする。

　怒りと軽蔑を区別することは重要である。軽蔑は相手を見下して人格を否定することであるのに対して，怒りはあくまでも対等な立場から人間関係の問題を正そうとする情動である。しかし，たとえ人間関係の改善を意図した怒りであったとしても，他者の過ちを指摘することは相手の人格を否定する軽蔑と誤解されやすい。そうなれば怒りや軽蔑の応酬となり，うまくいかない。とくに職場や学校や家庭など，上下関係が意識されやすい場面では，怒りと軽蔑を区別し，相手の人格を否定しないことが重要となるが，怒りは激しい興奮を伴うためコントロールすることが難しく，意に反して人間関係を損なうことも多い（Tice et al., 1993）。自己価値を回復させようと怒りに任せて，社会の規範から逸脱してしまうこともある。よって多くの社会場面では，怒りを抑えることが推奨される。なぜ私たちは，このようなやっかいな情動をもっているのだろうか？

　戦争などで敵を攻撃するときには，怒りに任せた暴力が有効に働くこともあるかもしれない。しかし，意外にも怒りの本来の役割は，争いを回避することである。もしも衝突や不満に対して，すぐに怒りを通り越して相手を攻撃していたとしたら，良好な関係を築くことは難しい。もちろん，衝突を避けて不満を溜める

ことや，問題の深刻化を許すことも健全な解決にはつながらない。怒りは暴力に訴える前に，不満を他者に伝えることで，争いを未然に回避するための警告としての役割を果たす。動物の威嚇にも，同じように争いを回避する機能がある。私たち人間は，とくに他者の意図を読み取る能力に長けているため，怒りを隠そうとしてもすぐに読み取られてしまう。また，他者の表情や口調にささいな怒りを読み取っただけで，争いを未然に回避するように動くことができる。

　人間関係において，私たちは怒りを隠そうとしたり，発散させようとしたりするが，そうした試みの多くは怒りをむしろ持続させてしまうことにつながる。怒りへの対処として最も一般的な方法は，怒りを感じてもそれを隠して我慢すること，すなわち抑制である。怒りを表に出さなければ，短期的には衝突を避けることができる。しかし，これを長期的に続けることは，ストレスの蓄積や爆発，人間関係の悪化や，心臓疾患のリスクを高めることにつながる（Ellis, 1977）。

　怒りを溜め込むことはよくないというのなら，怒りを出して発散すればよいだろうか？　かつてアリストテレス Aristotelēs やフロイト Freud, S. は，怒りの発露として，大声を出したり，鉢植えを破壊したりすることには，カタルシス（精神の浄化）効果があると考えた。しかし実際には，怒りを表出することでストレスや攻撃性や健康状態はむしろ悪化してしまう（Geen et al., 1977; Lewis et al., 1992）。怒りの発散方法として，ランニングなどの運動をするという人もいるが，生理的喚起を高める運動に怒りを鎮める効果はない（Bushman, 2002）。むしろ運動後の興奮した状態では，ささいなことにも怒りを感じやすくなる。

　怒りを鎮める方法は 2 つある。怒りを含むすべての情動は，身体と心の状態によって成立するため，そのどちらかに働きかけることで怒りを消すことができる。たとえば，リラクゼーションや瞑想には，生理的喚起を下げることで，怒りを鎮める効果がある。あるいは，問題を関係改善の機会として捉え直すことや，話題を変えて注意を逸らすことでも，心の状態を変化させ，怒りを鎮めることができる。そもそも怒りの原因の多くは，他者の横柄な態度によって自己価値が傷つけられたと思うことである。問題の一端は相手の態度ばかりでなく，自分の思い込みにもあるかもしれない。怒りや衝突を避けるためには，日頃から心身の健康を整え，不要な興奮やストレスを避けることが有効である。

2．罪悪感

　怒りが他者の過ちに向けられる情動なら，罪悪感はみずからの過ちに向けられる情動である。罪悪感は不快な情動ではあるが，みずからの過ちを正す自浄作用

をもつため，社会にとっても人間関係においても有益である。罪悪感は「悪いことをした」という自責の情動であるため，とくに他者に迷惑をかけるなどして，人間関係を悪化させた場合に体験される。罪の意識をもたない人（サイコパス）は，他者を傷つけても心が痛まないため，社会に適応することや良好な人間関係を築くことができないという問題を抱える（Hare, 1998）。

　罪を憎んで人を憎まずという言葉あるが，怒りと軽蔑の区別と同じように，罪悪感と恥を区別することは重要である（Tangney et al., 2002）。罪悪感は「悪いことをした」という行為に対する情動であるのに対して，恥は「私は悪い人間だ」という人格全体に関わる情動である。罪悪感は過ちの反省や償いを促すことで人間関係の修復や個人の成長を導くが，恥は反省や償いの効用が薄く，むしろ人間関係や個人の成長を損なうことが多い。悪い行為を反省できるのは，良い人間だからである。同じ過ちに対しても，悪い人間だと人格を責めてしまえば，反省や償いは見込めなくなる。恥は自己嫌悪や抑うつ，または不当な叱責に対する怒りや軽蔑を導く。

　罪悪感は，人間関係を修復するための謝罪や償い，また，同じ過ちを繰り返さないための反省や誓いの表明を促す。このように，悪い行為をしたという事実を認め，再発の防止に努めることは，自分は人間関係や社会のルールを重んじる良い人間であるということを伝えることで，人間関係の修復に寄与する。たとえば，約束の時間に遅刻した場合，相手は待たされたことよりも，信頼関係を軽く見られたことを気にするかもしれない。誠実な謝罪をしても，失った時間が戻るわけではない。しかし，関係を軽く見られたわけではないことが伝われば，相手の尊厳や信頼関係を傷つけずに済む。また，罪悪感が生じると同じ過ちを繰り返さないように気をつけるようになるため，長期的な損失の回避や関係の改善にもつながる。

　罪悪感は他者の期待を裏切ることから生じる情動であるため，とくに悪いことをせずとも生じることがある。サバイバーズ・ギルト（survivor's guilt）は，戦争や災害，事故や事件，虐待などに遭いながら，自分だけが苦しみを免れた不公平さから生じる罪悪感である。不況によるリストラを免れた社員にも，同様の罪悪感が生じることがある。

3．嫌　　悪

　嫌悪は強い反感を伴う情動である。怒りはその対象への接近を促すが，嫌悪はその対象からの回避を促す。嫌悪は吐き気をもよおすような情動であり，その起源は

食中毒や感染症のリスクを除こうとする身体の反応にあると考えられる（Curtis, 2011）。嫌悪は人間だけでなく，多くの動物に幅広く観察される原始的な情動である。ただし，人間の嫌悪は身体の汚染だけでなく，心理的ないしは社会的な穢れに対しても生じる。そうすることで，嫌悪は身体の健康だけでなく，健全な心や社会の維持にも寄与する。

　人間の社会は他の動物に比べてデリケートにできており，何を口にすべきか，すべきでないかが厳密に決められている。しかし，小さな子どもは何でも口にすることで，心身や社会の仕組みやルールを学ぼうとする。大人であれば，たとえ完全に殺菌されたものであっても，ゴキブリの死骸が触れたジュースを口にしようとはしないだろう。別のコップに注がれた別のジュースを口にすることにすら抵抗を覚えるかもしれない。しかし，小さな子どもは嫌悪の情動が未発達であり，ゴキブリの死骸が触れたジュースでも抵抗なく飲んでしまう。

　女性は男性よりも嫌悪を感じやすい。これは社会的役割の性差によって説明できる。男性は女性よりも汚れ仕事を任されることが多く，その際にはあまり嫌悪を感じない方がよい。女性は妊娠や出産のために健康に気遣う必要があり，そのためには嫌悪を感じやすい方がよい。実際に，妊娠中の女性は嫌悪に対してきわめて敏感であり，それによって胎児を感染症の危険から守っていると考えられる。

　嫌悪は不快な情動であるが，その効用は食中毒や感染症の予防にとどまらず，多様な健康行動を促進する。手洗いやうがい，予防接種などは個人の健康だけでなく公衆衛生においても重要な役割を果たすが，嫌悪にはこれらの健康行動を促す効用がある。たとえば，オーストラリアでは口腔癌などの嫌悪を覚える写真をタバコの箱に表示させる政策によって，喫煙や副流煙被害の抑制に成功している。

　シャーラー（Schaller, 2011）によると，嫌悪は健康行動を促すことで，身体の外側で働く行動レベルの免疫機構としての役割を果たす。身体の内側で病原菌と闘う免疫機構は，最後の砦であり，エネルギー効率が悪く常に感染症を防げるとは限らない。そのため，身体の外側で対策ができるのであれば，それに越したことはない。嫌悪は食中毒の危険のある食べ物を避けるだけでなく，インフルエンザが流行する時期には人混みを避けるというように，より外側での対策を可能にする。たとえば，感染症のリスクを伴う売春行為や不特定多数の相手との性交渉に対して，性的な嫌悪感を覚えることには，危険な相手との性交渉を抑制する効果がある。このような性的な嫌悪感の健全な発達を促すことは，性教育の重要な役割の1つである。また，性的な嫌悪感の発達を阻害することは，不健全な性交渉を肯定的に表現するメディアの弊害の1つである。人は嫌悪を感じることで，

その行いを不道徳だと判断する。何に嫌悪を感じるかは人それぞれだが，清潔さ，健全さ，純粋さといった，ピュアな状態を汚すような行為は嫌悪感につながり，また，不道徳だと見なされやすい。たとえば，近親相姦に対して嫌悪を感じる程度は人それぞれだが，嫌悪の程度が強いほど，それは不道徳な行いだと非難する程度も強くなる。

　嫌悪感は感染症の手がかりとなる特徴に敏感に反応するため，顔に痣のある人や肌の荒れた人を避けるなど，人間関係の問題や偏見につながることもある。ヒトは社会的な動物であり，私たちの祖先は集落を作り共同で生活してきた。共同生活を営む集団内では，同じ病気に感染して乗り越えることで免疫がついているため，集団内での人間関係において嫌悪感を覚えることはあまりなく，実際に安全である可能性が高い。それに対して，部外者は未知の感染症をもちこむ危険性があるため，集団間では集団内よりも関係を警戒し嫌悪を感じやすい。社会心理学では，集団間では人間関係の問題や偏見が生じやすいことが知られているが，その起源の一端は集団間相互作用に伴う感染リスクと嫌悪にあるとも考えられる。実際に，外集団に対する嫌悪は偏見と密接に関連しており，嫌悪感が強いほど偏見も強いことが知られている。また，集団内では不道徳な行いに対しても免疫がつくことで嫌悪感が薄れ，しばしばモラルの崩壊に至ることがある。

■ III　感情と情報処理

1．感情と意思決定

　感情は人間を合理的な思考から遠ざけ，衝動的で愚かな決定を導くというイメージがある。しかし，脳損傷などによって感情を失った人々の症例からは，感情は意思決定や社会適応において欠かすことのできない重要な役割を担っていることがわかる。ダマシオ（Damasio, 1994）によると，認知機能はそのままに，感情だけを失った患者に次の受診日を2つの候補日から選ぶように求めると，2つの候補日のメリットとデメリットについて合理的に分析することはできても，いつまで考えても結論に至ることができない。

　感情は経験から学ぶ際にも重要な役割を果たす。たとえば，2つのカードの山から自由に1枚ずつカードを引いて，表示された金額を獲得したり（勝ち），失ったり（負け）するゲームがあるとする。じつは，1つの山は勝ちの金額は大きいけれど，負けの金額はさらに大きく，最終的には負ける山であるとする。もう1つの山は勝ちの金額は小さいけれど，負けの金額はさらに小さく，最終的には

勝つ山であるとする。法則を探るために，プレイヤーはそれぞれの山からカードを引くことになる。普通の感情をもつ人であれば，大きな負けのカードを引くと，その山を避けることを学び，その山からはもう引かなくなる。しかし，感情を失った患者は大きな負けのカードを引いても学習せず，同じ山から引き続けてしまう（Bechara et al., 1997）。

2．感情の予測

　私たち人間は，まだ経験したことがない未知の感情の予測からも学ぶことができる。現在や過去の感情だけに縛られず，将来の幸せのために努力し，未然に罪悪感などのネガティブな感情を回避しようとすることは，私たち人間ならではの感情の使い方である。日頃あまり罪悪感を経験したことがないとしたら，それは感情の予測が機能している証拠であるかもしれない。感情の予測が適切に機能していれば，罪悪感を生じさせるような行為は未然に回避されるため，実際に罪悪感が生じることはほとんどない。

　もしも恋人に振られたら，第一志望の就職先から内定をもらったら，カンニングの冤罪で大学を退学させられたら，どんな気持ちになるかは予測できる。しかし，感情がどれくらい強く経験されるか，また，どれくらい長く持続するかという予測は，どちらも過大視される傾向にある。ギルバートら（Gilbert et al., 1998）によると，実際のところ人はどんな状況にもすぐに順応するため，幸せも不幸も長くは続かない。しかし，感情の予測は実際よりも過大視された方がよいこともある。たとえば，恋人に振られても問題はないと予測するよりも，深く後悔すると予測した方が良好な関係を維持することができる。

3．情動知能

　頭のよさを表す指標としては，知能指数（IQ：intelligence quotient）が知られているが，社会的な成功と関連する新たな知能として情動知能（EI または EQ：emotional intelligence/emotional quotient）が注目されている。サロベーら（Salovey et al., 1990）によると，情動知能とは自分自身や他者の感情を適切に認識・活用・理解・管理して，意思決定や学習，そしてコミュニケーションに役立てる能力である。情動知能の高い人は，職場での評価や人間関係，心身の健康が良好で，依存症などの問題を起こしにくいことが知られている。

　メイヤーら（Mayer et al., 2002）が開発した情動知能検査（MSCEIT）は，141 項目の質問から構成されており，情動の認識，活用，理解，管理の 4 つの側面を

測定するものである。情動の認識とは，自分自身や他者の感情を敏感に感じ取る能力である。さらに，芸術や音楽，文学作品などから情動を感じ取る感性も含む。情動の活用とは，状況に応じて有効な情動とそうでない情動を区別して，有効活用する能力である。情動の理解とは，情動の変化やその影響についての知識である。情動の管理とは，自分自身や他者の情動と適切に向き合い，意思決定や学習，そしてコミュニケーションに役立てる能力である。

4．感情の管理

　情動知能が有益である理由の 1 つは，感情を適切に管理できることである。意思決定や人間関係において重要な役割を果たす感情も，暴走すれば意思決定や人間関係の崩壊を導く。たとえば，怒りをうまく管理することができる人は，それを受け流せるだけでなく，問題解決や社会のために役立てることもできる。しかし，怒りを管理できない人は適切に対応することができず，かえって問題を悪化させてしまう。

　感情は身体の緊張や興奮を伴う。このような覚醒状態は頭の働きを妨げると一般に信じられているが，実際には，むしろ脳や筋肉への酸素供給を高めることで，頭脳労働を含むさまざまな課題のパフォーマンスを向上させる働きがある。ただし，覚醒とパフォーマンスの関係は逆 U 字型である。

　ヤーキスとドットソン（Yerkes et al., 1908）によると，覚醒が一定の水準まではパフォーマンスが上がるが，高すぎる覚醒はパフォーマンスを下げてしまう（ヤーキス・ドットソンの法則）。覚醒は酸素供給だけでなく注意の集中を高めるため，注意が散漫な状態ではカフェインを摂取するなどして覚醒を高めると，課題への集中力が増してパフォーマンスが上がる。しかし，課題に必要な情報だけに集中して余分な情報を入れない最適な水準を過ぎて集中を高めると，課題に必要な情報までもが注意の外に出てしまい，パフォーマンスが低下する。細かいことばかりが気にかかるように感じたら，休憩を挟んで覚醒を下げるときかもしれない。

　感情を管理すべきだろうか？　本章では，感情は私たちの日常の判断や人間関係，そして社会の仕組みを支える重要な働きを担っていることを強調してきた。感情の正常な働きを阻害すれば，その大切な機能を損なうことになる。感情を失えば日常生活が困難になることは，先述した脳損傷患者の症例などからも明らかである。一方で，感情を制御することができなければ，精神疾患や人間関係の問題を引き起こすこともある。

感情は優れたシステムだが完全ではない。感情の機能は認知や社会との相補的な関係によって支えられている。感情には意思決定や学習，人間関係や社会の仕組みを支える重要な働きがあるが，その働きを適切に管理して，役目を終えた感情を打ち切る役割は，私たちの認知や社会のルールが担っている。感情のない人生を送りたくはない。しかし，過剰に反応することや，その役目を終えてからもとどまり続けることがあるようであれば，感情を管理する必要がある。

　いつ，どんな感情を，どれくらい示すことが適切であるかは，その時々の状況や人間関係，社会のルールなどによって変化する。感情と認知，そして社会の相補的な関係を理解して，感情を適切に管理することは簡単なことではない。そのためには，ネガティブな感情から目を逸らすのではなく，感情が私たちの認知や社会に果たす役割や，その仕組みについて学んでいく必要がある。

◆学習チェック
□　感情の分類について理解をした。
□　感情が生じる仕組みについて理解をした。
□　怒り，罪悪感，嫌悪の機能について理解をした。
□　感情が情報処理に果たす役割について理解をした。

より深めるための推薦図書

鹿毛雅治編（2017）パフォーマンスがわかる 12 の理論―「クリエイティヴに生きるための心理学」入門！　金剛出版.

北村英哉・内田由紀子編（2016）社会心理学概論．ナカニシヤ出版.

鹿毛雅治編（2012）モティベーションをまなぶ 12 の理論―ゼロからわかる「やる気の心理学」入門！　金剛出版

文　　献

Bard, P.（1934）Emotion: 1. The neuro-humoral basis of emotional reactions. In: C. Murchison (Ed.): *Handbook of General Experimental Psychology*. Clark University Press, pp. 264-311.

Bechara, A., Damasio, H., Tranel. D. et al.（1997）Deciding advantageously before knowing the advantageous strategy. *Science*, 275; 1293-1295.

Bushman, B. J.（2002）Does venting anger feed or extinguish the flame? Catharsis, rumination, distraction, anger, and aggressive responding. *Personality and Social Psychology Bulletin*, 28; 724-731.

Curtis, V.（2011）Why disgust matters. *Philosophical Transactions of the Royal Society B*, 366; 3478-3490.

Damasio, A. R.（1994）*Descartes' Error*. Picador.

Dutton, D. G. & Aron, A. P.（1974）Some evidence for heightened sexual attraction under conditions of high anxiety. *Journal of Personality and Social Psychology*, 30; 510-517.

Ellis, A.（1977）*How to Live with- and without- Anger*. Reader's Digest Press.

Geen, R. G. & Quanty, M. B.（1977）The catharsis of aggression: An evaluation of a hypothesis. In: L. Berkowitz (Ed.): *Advances in Experimental Social Psychology*, Vol. 10. Academic Press, pp.1-37.

Gilbert, D. T., Pinel, E. C., Wilson, T. D. et al.（1998）Immune neglect: A source of durability bias in affective forecasting. *Journal of Personality and Social Psychology*, 75; 617-638.

Hare, R. D.（1998）*Without Conscience: The Disturbing World of the Psychopaths among Us*. Guilford Press.

Izard, C. E.（1971）*The Face of Emotion*. Appleton-Century-Crofts.

James, W.（1890）*Principles of Psychology*. Holt.

Lewis, W. A. & Bucher, A. M.（1992）Anger, catharsis, the reformulated frustration-aggression hypothesis, and health consequences. *Psychotherapy*, 29; 385-392.

Mayer, J. D., Salovey, P. & Caruso, D.（2002）*Mayer-Salovey-Caruso Emotional Intelligence Test (MSCEIT): User's Manual*. Multi-Health Systems.

Neal, D. & Chartrand, T. L.（2011）Embodied emotion perception: Amplifying and dampening facial feedback modulates emotion perception accuracy. *Social Psychological and Personality Science*, 2; 673-678.

Salovey, P. & Mayer, J. D.（1990）Emotional intelligence. *Imagination, Cognition, and Personality*, 9; 185-211.

Schachter, S. & Singer, J. E.(1962)Cognitive, social, and physiological determinants of emotional state. *Psychological Review*, 69; 379-399.

Schaller, M.（2011）The behavioural immune system and the psychology of human sexuality. *Philosophical Transactions of the Royal Society B*, 366; 3418-3426.

Schwarz, N.(1990)Feelings as information: Informational and motivational functions of affective states. In: E. T. Higgins & R. Sorrentino (Eds.): *Handbook of Motivation and Cognition: Foundations of Social Behavior*, Vol. 2. Guilford Press, pp. 527–561.

Strack, F., Martin, L. L. & Stepper, S.（1988）Inhibiting and facilitating conditions of the human smile: A nonobtrusive test of the facial feedback hypothesis. *Journal of Personality and Social Psychology*, 54; 768–777.

Tangney, J. P. & Dearing, R. L.（2002）*Shame and Guilt*. Guilford Press.

Tice, D. M. & Baumeister, R. F.（1993）Controlling anger: Self-induced emotion change. In: D. M. Wegner & J. W. Pennebaker (Eds.): *Handbook of Mental Control*. Prentice-Hall, pp. 393-409.

Yerkes, R. M. & Dodson, J. D.（1908）The relation of strength of stimulus to rapidity of habit formation. *Journal of Comparative Neurology and Psychology*, 18; 459-482.

Zanna, M., Higgins, E. & Taves, P.（1976）Is dissonance phenomenologically aversive? *Journal of Experimental Social Psychology*, 12; 530-538.

第 6 章

社会を支える感情

高橋伸幸

Keywords　適応論的アプローチ，競争，協力，社会的交換，信頼，互恵性，公正感，コミットメント

　人間は社会的動物であり，社会の中でいかにしてうまく生き抜いていくかは，各個人にとって重要な課題である。そのため，人間は社会生活において適応的な心の仕組みを備えていると考えられる。このように，生物が備えているさまざまな特性を，特定の状況下における適応問題を解くための仕組みであるとする考え方を，適応論的アプローチと呼ぶ。つまり，各個体は適応エージェントであると見なすのである。これは，1990 年代以降に広まった進化心理学の考えに基づいているが，基本的には生物学的進化，すなわち遺伝子を介した進化を想定する進化心理学の枠組みを超えて，人間を社会の中で適応的な行動パターンとそれを引き出すための心の仕組みを社会化の中で備えていく適応エージェントとみなすという，より広い枠組みに基づいた考え方である。したがって，社会のあり方によって心のあり方も異なる可能性もあるのである。

　本章では，社会生活において適応的な心の仕組みの中で，とくに 2 種類の感情に焦点をあてる。それらはそれぞれ，特定の状況下における適応問題を解くために存在していると考える。感情の機能をこのように理解することにより，人間がなぜ特定の感情を備えているのかという問いに答えられるようになる。この点が，適応論的アプローチを採用する利点である。

I　2 種類の重要な社会的活動

　社会生活において最も重要な活動は 2 種類ある。それは競争と協力である。進化生物学においては，他個体よりも相対的に適応的であるほど，自分の遺伝子を次世代に残す可能性が高くなるため，いかにして他個体よりも相対的に多くの資源を得るかが重要になる。しかし，社会生活において重要なのは競争のみではな

い。お互いに協力し合うこともまた，きわめて重要である。相互協力によってしか手に入れることのできない資源は数多くある。人類の進化の歴史を考えても，狩猟や農耕は一個人で行うのは無理で，多人数で協力し合わなければ不可能である。したがって，いかにして相互協力を達成して絶対的により多くの利得を得るかもまた重要になる。

　これら2種類の適応課題は，ゼロサム[注1]状況と非ゼロサム状況に対応する。競争はゼロサム状況であり，誰かが1位になったら別の人は1位になることはできない。スポーツの試合のように勝者と敗者が必然的に存在するのであり，全員が勝者となることはできないのである。したがって，極端な場合には，自分に不利益が生じる行動でも，他者により多くのダメージを与えられるのであれば，その行動は相対的には自分の順位を上げることにつながるため，適応的である可能性がある。このような行動はスパイト行動と呼ばれる。これに対し，非ゼロサム状況では，いわゆるWin-Winの帰結が存在しうる。相互協力により両者が資源を手に入れた場合がそれにあたる。もちろん非ゼロサム状況でも，一方が勝ち，もう一方が負けるという結果もありうるが，ゼロサム状況とは異なり，その結果しかありえないわけではない。したがって，どのように行動するのが良いのかを考えることは，ゼロサム状況よりも難しくなる。

　本章では，これら2種類の状況に焦点をあて，それぞれにおいて適応的な行動と，それを引き出す感情について論じていく。

‖ 競　　　争

　地位競争は，社会生活の中できわめて重要な適応課題である。人間以外の動物においても，順位制が見られる社会は多い。にわとりにはつつきの順位があり，チンパンジーの群れにはアルファ雄がいる。人間の社会にはそこまで厳密な順位制は存在しないが，それでもやはり，地位を巡る争いは普遍的に存在する。地位は相対的なものなので，全員の地位が高いという状態はありえない。誰かの地位が高くなれば，必然的に低くなる人も存在する。たとえば，就職活動において，誰かが採用通知を受け取ったら，別の誰かは不採用通知を受け取ることになる。その意味で，地位競争はゼロサム状況であり，両者が利益を得ることはありえないのである。

　人間は，このような状況で適応的な行動を生み出す心の仕組みを備えていると

注1）　ゼロサム（zero sum）とは，全員の利得の合計がゼロになることである。

考えられる。このような地位を巡る争いにおいて重要なのは，相対的に他者が自分より上になることを阻止する心の働きである。その典型的な例は，不公正是正行動を生み出す公正感という感情である。じつは，このような感情を備えているのは人間だけではない。たとえば，フサオマキザルの有名な実験がある（Brosnan et al., 2003; de Waal, 2009）。フサオマキザルを2個体，別々のケージに入れて，あるタスクを行うとキュウリという報酬を与える。すると，フサオマキザルは喜んでそれを食べる。そこで，一方の個体には報酬としてブドウを与えると，もう一方のキュウリしかもらえない個体は，最初は自分にもブドウを与えてほしいと実験者にアピールするのであるが，最後には実験者がキュウリを与えても，食べずに投げ捨ててしまうようになる。これは，同じタスクを行っているもう一方の個体がブドウを得ているのに，自分はキュウリしか得られないという不平等に我慢できなかったためだと考えられている。

　人間における不公正是正行動を検討するためにこれまで最も多く用いられてきたのは，最後通牒ゲームと呼ばれる実験パラダイムである（Güth et al., 1982）。経済学者によって最初に提案されたこの実験状況は，プレイヤーAとBの二者で行う相互作用である。プレイヤーAはBに対して，実験者から与えられた元手を自分とBとの間でどのように分配するかを提案する。その提案に対して，Bはそれを受け入れるか拒否するかを決定する。受け入れた場合には，Aの提案通りの金額を両者が受け取ることになるが，拒否した場合はAもBも共にゼロ円になってしまう。もし，プレイヤーBが伝統的な経済学が想定する経済人（合理的に自己利益を最大化しようとする）なのであれば，Aの提案がBに1円でも分配するというものである場合は，Bはそれを受け入れるはずである。そのことをAは予想するので，AはBに対して，Bに1円しか与えないという提案をするはずである。しかし，これまでの数え切れないほどの研究は，そのような予測を支持していない。多くの場合，元手を半分ずつに分けるというAの提案はBに受け入れられるが，AがBにそれよりも少ない額しか分配しないという提案はBに拒否されることが多い。さらに，そのことをAは予測するため，Aのそもそもの提案は半々に分配するというものが多い（e.g., Camerer et al., 1995）。このようなBの行動は，自分の利益を犠牲にしてでも不公正を是正する行動であると考えられる。拒否すると両者とも利益はゼロ円になってしまうにもかかわらず，その方が，Aの提案を受け入れて自分の利得も増えるがそれ以上にAの利得の方がさらに大きく増える状況よりも望ましいと思うのである。逆にいうと，Aが自分よりも有利な立場になることに我慢できない，ということである。このような反応を引き出すのが，

公正感であると考えられている。

　フサオマキザルの実験と同様に，最後通牒ゲーム実験で扱われているのは，公正感の中でもとくに，不平等忌避という感情である。ここで，不平等忌避の感情がどのような働きをしているのか，具体的に考えてみよう。Aから不平等な提案を受けたBは，その提案を受け入れればなにがしかの利益を得られるが，拒否すればまったく何も得られないということを知識としては知っている。よって，純粋に自己利益を追求するのであれば，受け入れることになる。したがって，そのような状況でわざわざ自分の利益に反する行動をとらせる心の仕組みがあるはずである。それが，不平等は許せないという感情であると考えられる。すなわち，感情にドライブされるからこそ，BはAによる不平等な提案を拒否すると考えられる。

　では，このような不平等忌避の感情は非合理的なのだろうか？　必ずしもそうではない。むしろ，超合理的な行動を人間にとらせる仕組みであると考えることができる。ここで考えるべき重要な問題は，コミットメント問題である。コミットメント問題とは，自分の行動を自発的に何かにコミットする（縛りつける）ことにより解決できる問題である。フランク（Frank, 1988）は，ギリシャ神話の逸話を用いてこの問題を説明している。セイレーンの歌声を聞くと自分を見失って引き寄せられて，船を難破させてしまうという事故が多発している海域を航行する際，オデッセウスは船員には耳栓をさせ，自分には耳栓をしないが鎖で柱に身体を縛りつけるように命じた。そして，自分がいくら頼んでも鎖を解いてはいけないと命じておいたのである。それにより，彼は自分で自分の行動を縛り，無事にその海域を通り過ぎることができた。このように，自分で自分の行動を縛るものがコミットメントデバイスである。

　不平等忌避のケースでは，長期的な利益を得るために短期的な利益を捨てるような行動に自分自身をコミットさせるにはどのようにしたらよいのか，というのがコミットメント問題になる。このとき，感情はコミットメントデバイスとしての機能を果たすと，フランクは主張した。不公正を許さないという公正感は，その代表的な例である。フランクはこれを，また別の例を用いて端的に説明している。スミス氏が鞄を盗まれたとする。ただし，その鞄はそれほど高額なものではない。彼は犯人を見つけるが，犯人を警察に突き出すと，面倒な事情聴取と裁判が待っている。したがって，スミス氏にとっては，犯人を罰することは，じつは割に合わない行動なのである。しかし，だからといってスミス氏が犯人を見逃すと，スミス氏は鞄を盗まれても何もしない人物だという評判が広まり，スミス氏

をカモにしようと悪者が群がるだろう。したがって，スミス氏の長期的な利益を考えると，たとえその場は犯人を罰する方がコストが大きいとしても，罰するべきなのである。このとき，短期的な自己利益を追求させず，スミス氏に犯人を警察に突き出すという行動をとらせるのが，犯人を許せないという感情である。このような感情をもつからこそ，スミス氏は「面倒を避けたいなあ」という目先の利益に誘惑されず，断固として犯人を警察に突き出すのである。以上の議論を最後通牒ゲームの状況にあてはめると，次のようになる。実験室における最後通牒ゲームは 1 回限りであり，匿名性も守られているため，自己利益を追求するならば，A による不公正な提案を B は受け入れるはずである。しかし，実際の社会生活においては，不公正な扱いを甘んじて受け入れる人物であるという評判が広まることは，長期的には不利益を生じる。したがって，不公正は断じて認めない人物であるという評判を獲得することが必要であり，不公正を許せないという感情によりそれが可能となる。そのため，そのような感情を備えた参加者は，たとえ実験室における行動といえども，不公正を許せないという感情が発動してしまうため，他者からの不公正な提案を拒否する。

　このような，不公正を断じて認めないという感情のもう 1 つの有名な例として，文化心理学における名誉の文化の研究を紹介しよう（Nisbett et al., 1996）。名誉の文化とは，元来は地中海の島々で見られるもので，家族の名誉を何よりも重んじる文化である。しかし，文化心理学におけるこの研究は，アメリカの南部白人男性の間ではなぜ，名誉のためには死をも恐れないという行動パターンが生じたのかを明らかにする試みである。ニスベット Nisbett, R. らは，アメリカ南部にヨーロッパから移住したのはおもに牧畜民であり，農民が主だった北東部とは異なっていたことに着目した。当時は現代とは異なり，当然警察組織などは一切整備されていなかったため，犯罪の被害に遭わないためには，自力で脅威を排除する必要があった。ここで，開拓民の村における犯罪について考えてみよう。当時は大型トラックなどは存在していないため，農作物泥棒は自分の手で持てるだけの量しか盗むことができず，その被害はそれほど深刻なものにはならなかった。それに対し，牧畜社会では，家畜泥棒はきわめて深刻な問題であった。なぜなら，家畜は自分の足で歩くからである。腕の良い家畜泥棒であれば，一夜にして家畜をすべて盗み出すことが可能であっただろう。よって，そのような家畜泥棒を未然に防ぐ手段が切実に必要とされた。それが，家畜を盗まれた場合には，自分の命を賭けて，地の果てまでも犯人を追いかけて復讐する人間であるという評判である。そのような評判が広まっていると，家畜泥棒はその牧場から家畜を盗むの

を避けるようになる。逆に，弱虫だという評判がまわっていれば，家畜泥棒はカモだと思い，その牧場から家畜を盗みやすくなる。したがって，このような環境においては，他者からナメられないことが適応的となるのである。そのためには，口頭で侮辱されただけでもカッとなって相手を攻撃するなどの極端な行動パターンを身につけている必要がある。そして，いったんこのような名誉の文化が社会の中で定着すると，それは再生産される。名誉の文化を身につけている男の方が優しくて気弱な男よりも女性から好まれるし，親も子どもをそのように教育するためである。ニスベットらはさらに，このような行動パターンが，長期的な視野に立って評判を高めようとする戦略的行動ではなく，じつは感情にドライブされていることも示した。侮辱された場合，南部の白人男性のみの間で，攻撃行動と関連するホルモンであるテストステロンと，ストレスの大きさと関連するホルモンであるコルチゾールのレベルが，上昇したのである。したがって，侮辱された南部白人男性は，本当にカッとなって相手を攻撃すると考えられる。

▌III　協　　　力

　社会生活において，地位競争に勝るとも劣らない重要な活動は，社会的交換である。社会的交換とは，財やサービスの交換である経済的交換よりも広い概念で，社会的交換理論によれば，人間が社会の中で行うさまざまな行動は，愛情や尊敬，情報，心理的な資源など，さまざまなものの交換であると見なすことができる（山岸，2001）。その中で，二者間の交換が最も基本的な形態である。行為者Aが資源aを，行為者Bが資源bをもっており，Aにとっては資源aよりも資源bの方が価値が大きく，Bにとっては資源bよりも資源aの方が価値が大きい場合，AがaをBに与え，BがbをAに与えることにより，両者にとって交換しない場合よりも利得が大きいため，ここで交換が生じる可能性がある。たとえば，Aがパンを大量にもっており，Bがバターを大量にもっているとしよう。そのとき，Aがもっているパンの半分をBに与え，Bがもっているバターの半分をAに与えれば，両者ともパンにバターを塗って食べることができる。このとき，パンにバターを塗って食べるのは，パンのみ，あるいはバターのみを食べることよりも望ましいという意味で，両者にとって利得が大きい。しかし，交換が必ず生じるという保証はない。AがaをBに与えても，BがbをAに与えなければ，Aは一方的に損害を被り，Bは一方的にAを搾取することになる。AがパンをBに与えても，BがバターをAに与えなければ，Bだけがパンにバターを塗って食べる

表1　社会的交換が囚人のジレンマの利得構造を伴う例

		A の行動	
		a を B に与える	a を B に与えない
B の行動	b を A に与える	A の利得：20 B の利得：20	A の利得：30 B の利得：0
	b を A に与えない	A の利得：0 B の利得：30	A の利得：10 B の利得：10

注）　A のもつ資源 a は，A 自身にとっては 10，B にとっては 20 の価値がある。同様に，B の
　　もつ資源 b は，B 自身にとっては 10，A にとっては 20 の価値がある。

ことができるのである。そのことを恐れる A は，お互いに資源を提供し合うことにより両者とも大きな利益を得られることがわかっていても，自分から先に B に資源を提供することをためらうであろう。

　以上のことを図式化したものが表 1 である。これは，A が資源 a, B が資源 b を所有しており，A にとっては a の価値は 10 円だが b の価値は 20 円，B にとっては逆に b の価値は 10 円だが a の価値は 20 円であり，A も B も自分のもつ資源を相手に提供するかしないかという行動の選択肢をもっている場合の例である。これは，囚人のジレンマ状況になっていることがわかる。この状況の特徴は，二者のトータルの利得が各個人の行動の組み合わせによって変化する非ゼロサム状況である点にある。A も B も相手に資源を提供せず，交換が成立しない場合は，両者とも利得は 10 円のままであり，両者の利得の合計は 20 円である。これに対し，交換が成立すると A も B も利得が 20 円となり，両者の合計は 40 円と増大する。ただし，A が B に自分の資源 a を提供するが B は A に資源 b を提供しない場合，A の利得は 0 円，B の利得は 30 円となる。したがって，両者の利得の合計が最大になるのは，お互いに相手に自分の資源を提供して交換が成立した場合であることがわかる。この状況を，囚人のジレンマ研究の分野では相互協力と呼ぶ。これが両者にとって Win-Win の状況である。

　しかし，上述のように，この状況そのままではお互いに資源を提供し合って交換が成立するという結果にはならないことが多い。それは，各個人にとっては，相手の行動によらず，提供しない方が常に利得が大きいからである。そこで，交換を成立させるためには何が必要かということを巡り，さまざまな研究が行われてきた。おもな解決方法としては，一方的な搾取を禁じる罰則などの制度を設けることや，繰り返し同じ相手と相互作用することが挙げられる（Axelrod, 1984; 山岸，1998, 2001）。これらの解決方法はおもに，経済学・政治学・社会学など

の社会科学や生物学において提唱されてきたものである。これらは，表1の利得構造を変換し，一方的な搾取が本人にとっての不利益になるようにすることにより，提供を促すものである。ただし，人類の歴史の中で，資源の提供を強制する制度がはじめから存在していたわけではないし，同じ相手と繰り返し相互作用することが保証されていない場合も多い。そのような場合に残された解決策の中で代表的なものが，信頼感と互恵性という心理メカニズムである。

　信頼とは，相手にとっては信頼に応えるよりも裏切る方が利益が大きい状況（社会的不確実性のある状況と呼ぶ）において，相手が信頼に応えてくれるかどうかわからないにもかかわらず信頼するということを意味する（山岸，1998）。そのとき，相手の人間性に基づいた，自分の信頼に応えてくれるだろうという期待が信頼感である。社会的不確実性の高い状況下で社会的交換関係を形成するためには，最初にどちらか一方が相手を信頼して自分から第一歩を踏み出す必要がある。そうしてはじめて，交換関係が形成される可能性が生じる。しかし，各個人が信頼感を備えることが適応的である保証はない。なぜなら，信頼はもう一方の個人による搾取を招いてしまう可能性があるからである。そのため，誰もが，自分が最初の第一歩を踏み出すことをためらう。そこで，もしためらいを振り切って第一歩を踏み出すことが適応的になるとするならば，それはそのような行動が報われるからであると考えられる。すなわち，先に相手が第一歩を踏み出して自分を信頼してくれたとき，信頼された側はその信頼を裏切って相手を搾取するのではなく，互恵的に振る舞ってお返しをするという反応を示す必要がある。同時に，そのような互恵的に振る舞う行動が適応的になるためには，そのような人が多くの人から信頼されなければならない。したがって，信頼感と互恵性は，お互いがお互いを強化する関係にある。人々の信頼感が高いと高い互恵性が適応的となり，互恵性が高いと信頼感が高いことが適応的となるのである。このように，社会的交換関係形成に必須の要素である信頼感と互恵性は，社会的交換関係を支える機能をもつ。

　信頼する側の信頼感は，感情というより，むしろ認知的なものであると考えられる。山岸の信頼の解放理論によれば，一般的信頼感は，一般的他者の信頼性のデフォルトの見積もりである（山岸，1998）。高信頼者とは，他者の信頼性を過大に推定するという認知バイアスを備えている人を指す。高信頼者は低信頼者よりも，見知らぬ他者を信頼し，コミットメント関係から離脱しやすいことが，明らかにされている。

　これに対し，信頼された側の行動についての研究は，人は先に相手に協力される

と，返報をつい行ってしまうということを示している。囚人のジレンマ状況において，二者が同時に意思決定を行う同時条件と，一方が先に，もう一方が後に意思決定を行う順次条件を比較すると，相手が先に協力した場合に後に意思決定を行うプレイヤーは協力する傾向が高いことが，先行研究で示されている（Hayashi et al., 1999）。ここでは，後に意思決定を行うプレイヤーは，裏切る方が自分の利益が大きくなるにもかかわらず，協力してしまうのである。このように，相手から先に協力された場合，自分の利益を減少させてでも返報してしまうという強い傾向を人間はもっている。この傾向を悪用するのが，キャッチセールスやカルト宗教の勧誘である。勧誘者が通りすがりの人に最初に何かプレゼントを渡すと，渡された人は何かお返しをしなければならないと，つい思ってしまう。そのため，勧められたものを購入してしまったり，お金を寄付したり，何かの活動に参加してしまったりするのである（Cialdini, 2001）。

　このような行動を引き起こす至近因として，近年はホルモンの研究も進んでいる。たとえば，オキシトシンは下垂体後葉ホルモンの一種であり，「幸せホルモン」や「愛情ホルモン」という異名をもつ。それは，オキシトシンが母親が赤ん坊を抱くとき等に分泌されるホルモンで，通常はストレスを緩和したり幸せな気分にさせたりする効果があるからである。しかし，オキシトシンの効果はそれだけではないかもしれない。ザックら（Zak et al., 2005）の研究によれば，信頼ゲームで他者から信頼された参加者のオキシトシンレベルが増加した。信頼ゲームとは，二者が順次的に行動を決定するゲームである。第 1 プレイヤーは自分のお金を第 2 プレイヤーに何円預託するかを決定する。その預託額は実験者によって増やされて（多くの場合は 3 倍），第 2 プレイヤーの手に渡る。第 2 プレイヤーはその金額を自分と第 1 プレイヤーとの間でどのように分けるかを決定する。第 2 プレイヤーがもし合理的な経済人であれば，第 1 プレイヤーには一切お金を分配しないはずである。したがって，そのことを予想する第 1 プレイヤーは，第 2 プレイヤーに一切お金を預けないはずである。しかし，多くの場合，そのような合理的な経済人と合致する行動は見られない。第 1 プレイヤーからお金を預けられた第 2 プレイヤーは相当額を第 1 プレイヤーに分配するのである。そして，実際には第 1 プレイヤーは第 2 プレイヤーが自分に返報してくれることを期待して，相当額を第 2 プレイヤーに預託する。したがって，第 1 プレイヤーは第 2 プレイヤーを信頼し，その信頼は報われることが多いのである。

　では，なぜ第 2 プレイヤーは返報するのだろうか。その至近因を探るうえで重要だと考えられるのが，第 2 プレイヤーのホルモンレベルの変化である。ザック

は，通常の信頼ゲーム（意思条件）にもう1つ条件を加えて実験を実施し，オキシトシンレベルを測定した。加えたランダム条件では，第1プレイヤーが自分の意思で預託額を決めるのではなく，10個の玉の中から1個を取り出し，その玉に書いてあった数字が預託額となった。したがって，第1プレイヤーの意思ではなく，たんなる偶然で預託額が決定されたのである。この実験の結果，通常の意思条件で信頼された第2プレイヤーのオキシトシンレベルは，ランダム条件で同じ額を預託された第2プレイヤーのオキシトシンレベルよりも高かった。さらに，意思条件ではオキシトシンレベルは第2プレイヤーの互恵性と正の相関を示した。このことは，信頼されることによりオキシトシンの分泌が促進され，それによって幸福感が増大し，返報したということを示唆している（Zak, 2012）。

Ⅳ　おわりに

　本章では，社会生活の中で重要な状況と行動および感情の2種類のセットについて概観してきた。心理学的観点に立てば，本章で述べたことは，感情は社会生活において適応的な行動を引き出す機能をもつということである。最後に，このことをよりマクロな観点から検討することにする。

　人々が，不平等忌避や互恵性といった感情を備えていることは，社会にとってどのような意味があるのだろうか。じつは，本章で述べてきた感情はそれぞれ，社会を変革する力，および社会を維持する力に結びついていると考えられる。不平等忌避という感情は，実験室ではたんに不平等な分配を提案されたらそれを拒否するということにすぎないが，同じような感情が，たとえば社会における不公正を是正する運動を引き起こすことがある。アメリカにおける公民権運動や女性差別反対運動などがそれにあたる。2011年にウォールストリートを占拠するという大規模な抗議運動が起きたことは，記憶に新しい。このとき，人々はあまりにも大きい格差に対し，不公正だと立ち上がったのである。このように，不公正を許せないという感情は，時には大規模な社会変革をもたらすことがあるのである。近年，格差社会の弊害がさまざまなところで注目を集めているが，その背後にもこのような不公正を許せないという感情が働いている可能性があるだろう。それとは対照的に，信頼と互恵性は，社会の基盤を形成する。そもそも，社会的交換なしでは社会は成立しない。しかし，それだけではない。大型動物の中で唯一人類のみが地球上のほとんどの地域に居住し，ここまで文明を発展させてきたのは，大規模な相互協力が可能であったためであると考えられる。実際，何の法

律も制度も存在しない時代に，長距離貿易が行われていたことは，考古学的資料からも指摘されている。シルクロードでは年単位の時間をかけて絹が中国からローマへ運ばれた。さらに歴史時代以前にも，切れ味の良い石器の原材料として利用される黒曜石が，産出地から数百 km 離れたところまで交易により運ばれていたことも明らかにされている（Renfrew, 1969）。これらの活動は，信頼と互恵性なしではありえなかっただろう。

　本章では，とくに 2 種類の適応課題と感情のセットに焦点をあてて議論してきた。しかし，社会において重要な適応課題は 2 種類とは限らない。また，社会生活ではなく個人の生活の中での適応にとって役立つ感情もあるだろう。感情についての適応的観点からの研究は近年，めざましく発展しつつあるため，近い将来，大きなブレイクスルーが期待される。

◆学習チェック
□　ゼロサム状況と非ゼロサム状況の根本的な違いについて理解した。
□　コミットメント問題を理解した。
□　囚人のジレンマ状況を理解した。

より深めるための推薦図書
　　長谷川寿一・長谷川眞理子（2000）進化と人間行動．東京大学出版会．
　　亀田達也・村田光二（2010）複雑さに挑む社会心理学―適応エージェントとしての人
　　　　間 改訂版．有斐閣．
　　北村英哉・大坪庸介（2012）進化と感情から解き明かす社会心理学．有斐閣．

文　　　献

Axelrod, R.（1984）*The Evolution of Cooperation*. Basic Books.（松田裕之訳（1998）つきあい方の科学―バクテリアから国際関係まで．ミネルヴァ書房．）
Brosnan, S. & de Waal, F.（2003）Monkeys reject unequal pay. *Nature,* **425**; 297-299.
Camerer, C. & Thaler, R.（1995）Anomalies: Ultimatums, dictators and manners. *Journal of Economic Perspectives,* **9**; 209-219.
Cialdini, R.（2001）*Influence: Science and Practice*. Allyn & Bacon.（社会行動研究会監訳（2014）影響力の武器―なぜ，人は動かされるのか 第 3 版．誠信書房．）
de Waal, F.（2009）*The Age of Empathy: Nature's Lessons for a Kinder Society*. Broadway Books.（柴田裕之訳（2010）共感の時代へ―動物行動学が教えてくれること．紀伊國屋書店．）
Frank, R.（1988）*Passions within Reason: The Strategic Role of the Emotions*. W. W. Norton & Company.（山岸俊男監訳（1995）オデッセウスの鎖―適応プログラムとしての感情．サイエンス社．）
Güth, W., Schmittberger, R. & Schwarze, B.（1982）An experimental analysis of ultimatum bargaining. *Journal of Economic Behavior & Organization,* **3**; 367-388.
Hayashi, N., Ostrom, E., Walker, J. et al.（1999）Reciprocity, trust, and the sense of control: A

cross-societal study. *Rationality and Society*, 11; 27-46.

Nisbett, R. & Cohen, D.（1996）*Culture of Honor: The Psychology of Violence in the South.* Westview Press.（石井敬子・結城雅樹編訳（2009）名誉と暴力―アメリカ南部の文化と心理．北大路書房.）

Renfrew, C.（1969）Trade and culture process in European history. *Current Anthropology*, 10; 151-169.

山岸俊男（1998）信頼の構造―こころと社会の進化ゲーム．東京大学出版会.

山岸俊男（2001）社会的ジレンマ―「環境破壊」から「いじめ」まで．PHP出版.

Zak, P.（2012）*The Moral Molecule: The Source of Love and Prosperity.* Dutton.（柴田裕之訳（2013）経済は「競争」では繁栄しない―信頼ホルモン「オキシトシン」が解き明かす愛と共感の神経経済学．ダイヤモンド社.）

Zak, P., Kurzban, R. & Matzner, W.（2005）Oxytocin is associated with human trustworthiness. *Hormones and Behavior*, 48 ; 522-527.

第 7 章

感情調整

佐藤　徳

⊶ *Keywords*　感情調整，評価理論，二要因理論，構成理論，コア・アフェクト理論，感情調整のプロセスモデル

「感情調整（emotion regulation）」とは，代表的な定義では，我々がどのような感情をいつもつか，それらの感情をどのように経験し表現するかに影響を及ぼすプロセスのことだとされる（Gross, 1998）。感情は文脈次第で「有益」とも「有害」とも評価されうる。「有害」と評価されればその低減が試みられ，「有益」と評価されればその維持や増幅が試みられる。一般的にポジティブ感情は維持または増幅され，ネガティブ感情は低減が試みられると考えられがちであるが，そうとは限らない。「人前で露骨に喜んではならない」といった文化的な表示規則があれば，喜びの表情を抑制するだろう。また，感情調整の対象は自分自身の感情に限られない。落ち込んでいる友人を慰めるなど，その対象が他人の感情に向けられる場合もある。

　以上は感情調整のプロセスモデルに基づく定義である。しかし，「感情調整」をどう考えるかは，「感情」をどう捉えるか，とくにその生起プロセスをどのように考えるか次第である。本章では，2 つの異なる立場からの感情調整に関する議論を紹介する。まずは，感情生起の評価理論（appraisal theory）に依拠した感情調整のプロセスモデルを紹介し，次に，感情の構成理論（theory of constructed emotion）を紹介する。

▌ I　感情調整のプロセスモデル

1．前史としての評価理論

　感情調整をどのように考えるかは，感情がどのように生じると考えるか次第である。心理学における最初の説の 1 つは，後に「ジェームズ・ランゲ説」として知られるようになった説である。たとえば，ジェームズ（James, 1890）は，「悲

しいから泣く」「怖いから逃げる」といった感情の主観的経験が身体の変化に先行するという一般的な通念に対し,「泣くから悲しい」,すなわち,刺激の知覚によってただちに生じた身体反応の変化を知覚することで感情の主観的経験が生じるのだとした。ジェームズが,身体反応の中に広く内臓や骨格筋の反応を含めたのに対し,ランゲは,血管を拡張させたり収縮させたりする血管運動神経の反応に限定した論を展開した。いずれも,身体反応の知覚によって,悲しみや怒りなどの感情の主観的経験が生じるのだと考えた。

　ジェームズ・ランゲ説は,ジェームズの学生でもあったキャノン(Cannon, 1927)に,ネコの求心性の交感神経枝を切除してもネコは情動行動を示す,内臓器官にはさまざまな感情経験の違いを説明できるほど十分な求心性神経はない,刺激に対して即座に生じる感情経験を説明するには自律神経系の変化が起こるのは遅すぎるなどと批判されることになる。とくに,決定的だったのは,同じ内臓(交感神経系)の変化がじつにさまざまな感情状態で生じ,発熱や低温への曝露といった感情とは無縁の状態でも生じるという事実である。身体反応の知覚によって感情経験が生じるのであれば,さまざまな感情が存在する以上,それらに応じた異なる身体反応が存在しなくてはならないはずである。しかし,交感神経系の反応はさまざまな主観的な質をもつ感情を区別するにはあまりにも均一すぎるのである。

　こうしたキャノンによる批判を受け,非特異的な生理的覚醒からどのように喜びや怒りといった個別の感情経験が生じるのかを説明しようとしたのが,シャクターとシンガーの感情の二要因理論である(Schachter et al., 1962)。二要因理論では,感情が生じるには生理的覚醒と認知の2つの要因が必要であり,刺激によって生じた非特異的な生理的覚醒を,利用可能な状況についての知識に基づいてラベルづけすることで,怒りや喜びなどの感情の主観的経験が生じると考えられている。同じ生理的覚醒でも,それが怒りだとラベルづけされれば怒りが生じ,喜びだとラベルづけされれば喜びが生じる。しかし,それは,生理的覚醒が生じ,かつ,それがなぜ生じたのか適切な説明がない場合に限ってである。交感神経を興奮させる作用のあるエピネフリンを注射されたからドキドキするのだといった適切な説明があれば,わざわざ別な説明を探す必要はなく,生理的覚醒に別のラベルをつける必要もない。しかし,原因がわからない場合に,それを理解し,ラベルづけしたいという欲求が生じ,利用可能な知識に基づいて生理的覚醒にラベルづけし,そのラベルに応じた個別感情を経験することになる。

　二要因理論においても感情の生起に認知要因が重要な役割を果たすことが指摘

されたが，認知要因はあくまで生理的な変化と認知という感情の２つの生起要因のうちの１つであった。1950年代に始まる「認知革命」の流れの中で，認知要因により大きな役割を付与したのが，アーノルド（Arnold, 1960）やラザルス（Lazarus, 1966）らの「評価理論」である。評価理論では，出来事をどのように評価するかによって，感情が生じるか，生じるとすればどのような感情が生じるかが決まるのだとされる。ここで重要なのは，感情の主観的経験のみならず，生理反応も行動反応も，出来事の認知的評価の結果として生じると考えられるようになったということである。1980年代以降は，どのような感情が生じるかは出来事に対する評価パターン次第であるとして，どのような評価次元が存在し，それらのどのような組み合わせで，怒りや悲しみなどの個別感情が生じるかがさかんに検討されることになる。評価理論にはさまざまな立場があり，評価を，感情の原因ではなく，構成要素と捉える立場もある。しかし，以下で紹介するプロセスモデルは，評価の結果として感情が生じるとする古典的な評価理論に依拠している。

2．感情調整のプロセスモデル

感情調整に関する代表的なモデルであるグロス Gross, J. J. による感情調整のプロセスモデルは，古典的な評価モデルに依拠したモデルである。図１は初期のグロスのモデルである（Gross, 1998）。ここでも感情手がかりを評価することで感情反応傾向が生じると考えられており，感情反応傾向には感情の主観的経験のみならず行動反応や生理反応も含まれている。感情反応傾向が生じる前の感情の生起プロセスに介入するのが先行焦点型感情調整であり，反応傾向が生じた後にそれを調整するのが反応焦点型感情調整である。先行焦点型感情調整の代表例が再評価であり，状況の感情的インパクトを低減すべく，感情を誘発する可能性のある状況を認知的に再評価することである。反応焦点型感情調整の代表例は現行の感情表出行動を能動的に抑える抑制である。

後のグロスは先行焦点型感情調整をさらに，状況選択（感情を調整するために，特定の人，場所，物事に，接近または回避する），状況調整（状況の感情的インパクトを調整するために状況を変更する），注意配分（状況の多くの側面のうちどの側面に注意を向けるか），認知変化（その側面に付与可能な多くの可能な意味のうちどの意味を選択するか）の４つの段階に区別している（Gross, 2001）。報酬が予測される状況には接近し，罰が予測される状況からは回避する。特定の状況が接近の対象となったり，回避の対象となったりするのは，いわゆる古典的条件づ

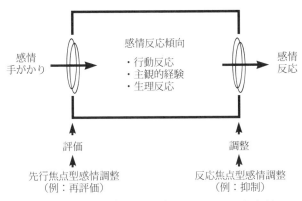

図 1　感情調整のプロセスモデル（Gross, 1998 を改変）

けの結果として，その状況と報酬や罰が連合しているからである。こうした状況
と価値の連合を修正する手続きの一例が消去であり，そこでは条件刺激（特定の
状況）を与えて無条件刺激（たとえば，罰）を与えないといったことを繰り返す。
一切の危険を排除したうえで患者を患者が不安を抱いている対象に晒す曝露療法
はこの消去手続きに基づいている。消去のような，学習による刺激や行動の価値
の速やかな修正とその固定ならびに検索には，前頭前野腹内側部，海馬，扁桃体
を中心とするシステムが関わっていることが知られている（Quirk et al., 2008）。
学習による価値の更新は最も基本的な感情調整方略の 1 つである。また，状況選
択は短期的な利得と長期的な利得の間のトレードオフをもたらすこともある。内
気な人が人前を避けるとしよう。短期的にはそうした回避行動により不安が避け
られる。しかし，負の強化によりその回避行動が維持されるとすれば，長期的に
は社会的孤立というコストが伴うことになる。この点において，当人が人生の何
に価値を見出すかを明確にし，負の強化が随伴する回避行動を減らし，正の強化
が随伴する行動を増やすよう介入する行動活性化療法は有効な感情調整方略にな
る。

　状況調整には，問題となる状況に直接対処する問題焦点型コーピングが含まれ
る。注意配分には，気晴らしや反すうなどが含まれる。気晴らしとは，特定の状
況の感情を喚起する特徴から中立的な特徴に注意を向け直したり，特定の状況か
ら一切の注意を逸らしたりすることである。気晴らしは，マシュマロをもう 1 つ
もらうために目の前のマシュマロを食べるのを我慢するなど，満足の遅延に有効
な方略である（Rodriguez et al., 1989）。気晴らしは，ネガティブ感情に対しても
その反応を低減させる効果があり，気晴らし時には，認知的制御に関わる前頭・

頭頂ネットワークの活動と感情の生起に関わる扁桃体の活動の低下が観察されている（Ferri et al., 2013）。反すうについては第 3 章を参照されたい。認知変化とは状況に関する評価を修正することであるが，その状況は就職面接といった外的状況であることもあれば，心臓の高鳴りといった内的状況であることもある。この認知変化の代表例が再評価である。再評価は，ネガティブ感情を低減するために使用されることが多いが，ポジティブ感情にも，さらには増幅にも用いることができる。

　多くの研究がなされているのは，ネガティブ感情の再評価と感情表出行動の抑制である。抑制は，表出行動を低下させるが，ネガティブ感情の主観的経験には効果がなく，行動の抑制に費やす努力の結果として交感神経系の活動は増加させる。それに対して，再評価は，主観的経験も表出行動も低下させるが，交感神経系の活動には影響はない（Gross, 1998）。しかし，ポジティブ感情を抑制する場合には，ポジティブ感情の主観的経験の低下も観察されている（Gross et al., 1997）。再評価と抑制には，ほぼ同様の前頭・頭頂ネットワークが関わるが，再評価ではネガティブ感情喚起刺激提示後の早い段階でそれらのネットワークが活動し（その後活動が低下），扁桃体の活動が低下していくのに対し，抑制ではとくに後半にそれらのネットワークが活動し，扁桃体の活動も低下せずに亢進することが報告されている（Goldin et al., 2008）。再評価も抑制も同様に認知的努力を要する方略であるが，再評価は感情生起の初期段階に起こり，成功すれば，それ以上の処理資源は必要としない。しかし，抑制では，絶え間なく処理資源が必要とされ，他の処理に利用できる処理資源が少なくなることになる。とすれば，再評価と抑制では異なる認知的結果が帰結するはずであるが，実際，再評価は出来事の符号化に影響しないか，むしろ，促進するのに対し，抑制は阻害することが，顕在記憶課題の成績から示唆されている（e.g., Dillon et al., 2007）。抑制は会話相手にも影響を与え，相手の収縮期・拡張期双方の血圧を上げるのみならず，相手から軽蔑や嫌悪の表情を引き出しやすく，また，相手のポジティブ感情の表出を低下させるようである（e.g., Butler et al., 2003）。

　しかし，再評価が抑制より優れているといった単純な問題ではないことに注意が必要である。どの感情調整方略が「適応的」かどうかは文脈次第である。確かに，欧米人では抑制するほど抑うつ症状が高まったり，人生満足度が低下したりするが，抑制が奨励されるアジア人ではそうした負の影響はなく，むしろ，抑制は対人関係の調和と正の関係にある（e.g., Wei et al., 2013）。再評価の有効性も文脈次第である。たとえば，再評価は統制不可能なストレッサーに適用する場合は

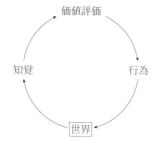

図 2　価値評価システム（Gross, 2015）

抑うつを低下させるが，統制可能なストレッサーに適用すると，かえって抑うつを亢進させることが報告されている（Troy et al., 2013）。感情調整が成功するか失敗するかは，どのような人（年齢，性別，文化など）がどのような状況（強度，統制可能性，感情価など）でどのような方略（抑制，気晴らし，再評価など）を用いるか次第である。したがって，1 つの方略に固執するのではなく，感情の強度が強い場合，まずは気晴らし方略を用い，強度が低下したら再評価方略を用いるなど，複数の方略を状況に合わせて柔軟に用いることが，適応上重要である。

3．拡張プロセスモデル

　感情が調整の対象になるのは，その感情が「自分にとって良いか悪いか」といった価値評価がなされているからである。しかし，プロセスモデルではこの点への言及はなかった。この点をモデルに組み込み，モデルを拡張したのが，拡張プロセスモデルである（Gross, 2015）。拡張プロセスモデルでは，感情を生起させる価値評価システムが別の価値評価システムの評価対象になることで感情調整が生じると考えられている。価値評価システムは，図 2 のように，世界，知覚，価値評価，行為によって構成される。世界は内的な世界でも外的な世界でもありうるが，それが知覚され，世界に関する表象と世界の望ましい状態についての表象が比較される。そして，自分にとって良いか悪いか無関連かの価値評価がなされ，両者のギャップに対処すべく行為傾向が生じる。これらの行為は，心的なものでも，心拍の亢進や四肢伸展のような身体的なものでもありうる。行為によって世界に変化が生じれば，知覚にも変化が生じ，このサイクルは，実際には時間の経過とともに螺旋状になる。この螺旋は，最初の価値評価を引き起こした表象間の不一致が価値評価システムの閾値を下まわるまで続くことになる。感情調整では，図 2 の世界の位置に，感情の生起に関わる，世界，知覚，価値評価，行為からな

るサイクルが含まれることになる。つまり，感情生起に関わる一次的な価値評価システムの結果，たとえば，怒りを構成する行為傾向が生じた場合，感情調整に関わる二次的な価値評価システムでは，自身の怒りを知覚し，当該状況での望ましい状態に関する表象と比較して自身の怒りを価値評価し，何らかの行為に着手することになる。プロセスモデルとの関連でいえば，その行為の対象が一次的価値評価システムの世界の場合が状況選択と状況調整，知覚の場合が注意配分，価値評価の場合が認知変化，行為の場合が反応調整ということになる。

　拡張プロセスモデルでは，感情調整サイクルが，同定段階，選択段階，実装段階の3つの異なる段階に対応する価値評価システムから構成されると考えている。同定段階では，一次的価値評価システムによって生じている感情を検出し，調整の対象となるかを評価し，調整するかどうかを決定する。同定段階もまた，知覚，価値評価，行為の下位段階からなり，知覚段階では感情の検出が，価値評価段階では感情に付与されている価値が調整を起動するのに十分なほどネガティブかポジティブかを決定する。もし十分であれば，行為段階において，感情を調整するという目標に関する表象が活性化される。このモデルでは，感情の気づきが損なわれる場合になぜ感情調整に不具合が生じるか，なぜ感情に関連する内受容感覚など，身体感覚の意識を高める介入方法が感情調整を促進するかを，知覚段階の問題として扱うことができる。また，特定の感情にあまりにもネガティブな価値やポジティブな価値が置かれる場合も適応上の問題をもたらすだろう。躁状態をさらに高める，ネガティブ感情の体験を回避するなどである。行為段階でも問題は生じうる。たとえば，感情は変えられないといった信念をもっていれば，感情調整目標の活性化は弱いものとならざるをえず，同時に活性化されている他の目標との競合に負け，結果として感情調整が失敗する可能性がある。

　選択段階では，感情調整方略の選択がなされる。まず，知覚段階において可能な方略が表象される。そして，価値評価段階において，それらが，感情傾向のタイプや強さ，利用可能な認知的・生理的資源といった文脈要因を踏まえて評価される。行為段階では，特定の方略を用いるという目標が活性化される。ここでも，表象される方略が少なすぎる（知覚段階），文脈情報に不適切な重みづけがなされ，回避方略（状況選択）など特定の方略に過剰な価値が置かれる（価値評価段階），自己効力感が低いために特定の感情調整方略を強く活性化できない（行為段階）などの場合に，感情調整の失敗が起こる。

　実装段階は，選択段階で特定の感情調整方略の表象が活性化されたことを受けて，こうしたおおまかな方略を自分がいる具体的な状況に適切な方策に翻訳する

段階である。知覚段階では，世界の関連する特徴と特定の方略を実装するさまざまな方法を表象する。価値評価段階で，これらのさまざまな方策が評価され，最も有望な方策が選択される。その実装・実行が行為段階の出力である。この実装を通して，感情生起に関わる一次的価値評価システムが調整される。ここでも，表象される方策が少なすぎる，関連する文脈情報が十分に考慮されず特定の方策に誤って高すぎるあるいは低すぎる価値が割り当てられる，方策の実装に失敗するなど，それぞれの段階での感情調整の困難が生じうる。

　以上のように，拡張プロセスモデルは，感情調整プロセスを明確にすることで，どのように感情調整が開始され，特定の方略が選択されるのか，感情調整が成功したり失敗したりするのはなぜかといった問いに答えようとしている。しかし，拡張プロセスモデルは，依然として古典的な評価理論，さらには，「知覚→認知（価値評価）→行為」といった古典的な情報処理モデルに依拠している。古典的な情報処理モデルは，そもそも行為（の感覚結果の予測）なくして知覚が成立するのかなど，その妥当性が疑われている。

II　感情の構成理論

1．感情の心理的構成──コア・アフェクト理論

　一見，二要因理論は評価理論によって乗り越えられたかのように見える。プロセスモデルが依拠する古典的な評価理論では，主観的経験，行動反応，生理反応の3つの感情反応傾向が認知的評価の結果として生じると考えられた。しかし，この理論には，感情に直接関わる主なものだけでも，感情が認知に及ぼす効果を説明できない，認知的評価によらずとも感情は生じる，主観的な経験と行動反応，生理反応は必ずしも一致しないなど，多くの問題点がある。感情が，処理される情報の内容はもちろん（現行の気分と一致する感情価をもつ情報の処理が促進される），用いられる情報処理方略にも影響を及ぼすこと（ポジティブ気分でヒューリスティックな処理，ネガティブ気分でシステマティックな処理など）はよく知られたことである（Forgas, 2008）。また，腸内細菌叢，感染による炎症などが感情の変化をもたらすことも多く報告されるようになってきた。たとえば，ワクチンや内毒素などの接種による炎症性サイトカインの上昇は，脳内報酬系の活動低下や疲労感の増強などの抑うつ症状をもたらす（e.g., Eisenberger et al., 2010）。さらに，3つの感情反応が同一の認知的評価から生じると考えられているにもかかわらず，実際にはこれらの反応（たとえば，恐怖の主観的経験と回避行動，心拍

など）がほとんど一致しないこともまたよく知られている（Bradley et al., 2000）。

　ラッセルのコア・アフェクト理論は二要因理論を発展させた理論である（Russell, 2003）。コア・アフェクトとは，「元気いっぱい」「落ち着く」「憂うつだ」「イライラする」といった，快－不快，活性－不活性の二次元が混合された，最もシンプルな生の（非内省的な）フィーリングとして意識化が可能な，神経生理学的な状態のことである。コア・アフェクトは，心理的にはこれ以上分割が不可能な原初的かつ普遍的な感覚であり，ラベリングや解釈がなくとも存在する。感情には「君に怒っている」「この国の将来が不安」など志向的対象が存在するが，コア・アフェクトには志向的対象が存在しない。コア・アフェクトはその都度変化しており，変化が急激な場合もあれば，持続する場合もある。変化が急でその程度が強い場合や，コア・アフェクトが強い場合は意識されるが，そうでない場合は，通常，意識世界の背景にコア・アフェクトは存在している。

　コア・アフェクトの平均レベル，変動性，刺激への反応性には個人差がある。また，コア・アフェクトは，内的，外的なさまざまな原因によって変化する。あらゆる外的な刺激はコア・アフェクトの変化を引き起こしうるし，抗生物質の使用や偏った食事による腸内細菌叢の変化，ウィルス感染，概日リズム，ホルモン変化，満腹，栄養不足，薬物なども，コア・アフェクトを変化させうる。ここで重要なのは，人はこの原因を直接知ることはできないということである。人はそれを帰属や解釈を通してしか知りえず，誤帰属もまたおおいに生じうる。

　コア・アフェクトが強かったり，その変化が急激だったりすると，人はその変化の原因を探そうとする。その過程で，現行のコア・アフェクトと同じアフェクティブ・クオリティ（コア・アフェクトを変化させる刺激の属性）をもつ素材への注意が促進され，それらの素材のアクセシビリティも高まる。コア・アフェクトは刺激のアフェクティブ・クオリティを推定する情報源にもなる。よい気分だと授業評価が高くなるなどである。さらに，コア・アフェクトは情報処理の質やタイプにも影響を及ぼす。覚醒水準は認知パフォーマンスや注意の選択性に，快－不快の次元はヒューリスティックな処理かシステマティックな処理かなどに影響する。コア・アフェクトは行動の選択にも影響を与える。元気いっぱいであれば，身体的・認知的資源が豊富にあると思え，困難な課題に向かってハードワークしようともするだろうが，疲れてだるければ，そうもいかない。

　コア・アフェクトの変化が何らかの原因に帰属されると，その原因と見なされたものが志向的対象となり，ここではじめて対象が生じる。仮にそれが誤帰属だろうと，対象が定まることで，それに注意や行動を向けることが可能となり，ま

た，「あなたといると落ち着く」といった対象のアフェクティブ・クオリティの学習も可能となる。原因が志向的対象に帰属されれば，その志向的対象が目標適合性などさまざまな観点から評価されることにもなる。また，何らかの行為がその対象に向けられ，コア・アフェクトやそれに伴う対象に向けられた行為（道具的行為）の準備や回復の一部として，自律神経系の活動変化や表情などの表出行動の変化も生じる。逃げる（走る）には四肢の筋肉を動かす必要があり，そのためには，コルチゾールを放出させて血糖値を上げるとともに，心拍数を上げブドウ糖を筋肉に運ぶ必要がある。しかし，個別の感情に特有な道具的行為があるわけでも，自律神経活動や表出行動があるわけでも，特有な神経基盤があるわけでもない。コア・アフェクトの意識体験や刺激のアフェクティブ・クオリティの知覚の他にも，緊迫感や不確実感など，さまざまな主観的な意識体験も生じうる。そして，これらの感情エピソードを構成する要素を観察し，現在の自分の状態が特定の個別感情のプロトタイプと似ていると気づけば，「自分は怒りを感じている」といった感情のメタ的経験が生じることになる。感情のメタ的経験がなくとも他の構成要素の変化は生じる。他の構成要素の変化にメタ的経験は必須のものではない。しかし，メタ的経験にも機能があり，感情エピソードをラベリングし一般的な知識と統合することで，ワーキングメモリがエピソードの細部に圧倒されることを避けうるし，記憶の体制化も促進される。また，メタ的経験によって，感情に関する社会規範や規則（「男は恐れるべきではない」）などに照らして自身を評価することも可能となり，構成要素を操作して自身に見出す感情カテゴリーを変えようとする自己制御努力，すなわち，感情調整も可能となる。

　図3は，コア・アフェクト理論の概要である。一般に怒りや恐怖といった個別感情として知られているものは，ここでは典型的な感情エピソードのことである。感情エピソードの構成要素が図の左側であり，観察者が要素のパターンと個別感情のプロトタイプとの類似性に気づけば，「自分は怒っている」「彼は怒っている」といったカテゴリー化がなされることになる。コア・アフェクトや帰属といった基本メカニズムは人類共通であり，文化間の共通性はもちろん存在する。しかし，感情概念には文化差や個人差があるため，仮に同じ構成要素のパターンが存在しても，同じ感情にカテゴリー化されるとは限らない。図1では，評価という共通原因から感情の3つの反応傾向が生じていた。したがって，特別なことがない限り，反応が共起すると予測するのが普通である。しかし，実際はそうではない。コア・アフェクト理論では，図3に見るように，そもそも共通原因を想定していない。多くの研究が示すように，乖離が常態である。また，いわゆる感情の認知

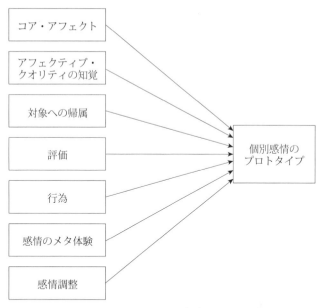

図3　コア・アフェクト理論（Russell, 2003）

への効果は，コア・アフェクトの効果，ならびに，ある種の個別感情ではその認知が構成要素に含まれているがための論理的必然と考えることができる。特定の感情にカテゴリー化されるには特定の認知要素が不可欠だとすれば，そもそも感情と認知を切り離すことが不可能である。

　コア・アフェクトは生物学的基盤をもつ。しかし，感情はそうではない。それは心理的構成物であり，心的リアリティはもつが，個別感情特有の生物学的基盤は存在しない。コア・アフェクト理論では，アフェクト調整と感情調整とが明確に区別される。アフェクト調整は，コア・アフェクトを直接維持または変容させる試みのことであるが，コア・アフェクトには対象はなく，この試みも対象に依存しない。運動，ダイエット，睡眠，薬物摂取，森林浴などが，アフェクト調整の例である。他方，感情調整は感情のメタ的経験に依存し，メタ的経験は認知カテゴーに依存する。後に見るように，感情概念を学ぶこともまた感情調整になりうる。

2．バレットの感情の構成理論

　ラッセルのコア・アフェクト理論をさらに発展させたのが，その弟子のバレット

Barrett, L. F. である。まず，彼女の初期の理論である概念的行為モデル（Conceptual Act Model）では，感情と呼ばれる心的出来事は，他の哺乳類とも共通のコア・アフェクトと，限定的ではあるが他の類人猿にも存在する概念システムという 2 つの基本要素から瞬時に構成されるとされる（Barrett, 2006）。コア・アフェクトについてはすでに見たとおりである。このコア・アフェクトがどうカテゴリー化され，どのような感情として経験されるかは，過去経験によって形成されたその人のもつ概念次第である。概念化によってコア・アフェクトに志向性が付与され，何がその変化の原因で，状況にどう対処すべきかを推論できるようになる。また，自身のみならず，他者のコア・アフェクトも感情行動として経験することができるようになり，他者との効率的なコミュニケーションも可能となる。これらの基本要素は常に作動しており，制約充足の論理を通して絶え間なく互いを形成することで感情経験を創発させる。バレットはとくに言語の役割を重視しており，個別感情のさまざまな事例を 1 つのカテゴリーに束ねることができるのは，言語のおかげだとしている。

　バレットは，近年の予測符号化理論の発展を踏まえ，さらに理論を発展させている（Barrett, 2017）。先の拡張プロセスモデルが依拠する古典的な情報処理モデルでは，我々は世界からの情報を受動的に受け取り知覚していると考えられがちである。しかし，実際には，知覚は，過去経験に基づいて形成された内部モデルに基づいて感覚入力を予測し，予測と感覚入力との間に誤差（予測誤差）があれば，モデルを更新したり，外界に働きかけて感覚入力を調整したりして，予測誤差を最小化していく能動的なプロセスである。我々は感覚入力の原因である「ものそれ自体」には直接アクセスすることはできない。我々は，限られた感覚入力から過去経験に基づいてそれを無意識的に推論しているのである。予測は階層のより上位のレベルから下位へ，感覚入力は下位のレベルから上位へ伝わる。同程度の予測誤差があったとしても，事後分布が事前分布（予測）の方に偏るか，感覚入力の方に偏るかは，両者の相対的な精度次第である。相対的に予測の精度が高ければ（分散が小さい），知覚経験は予測に依存する。逆に，感覚入力の精度の方が高ければ，結果として予測は修正される。対象に注意を向ければ，感覚入力の精度が上がり，予測の更新が起こる可能性も高まる。モデルには，予測誤差の精度の予測も含まれ，視覚の予測誤差であれば，明るいところでは高く，暗いところでは低い。

　脳は，視覚，聴覚，触覚，動作の感覚結果など，つねに予測を行っている。バレットは，こうした予測の最も重要な任務は，エネルギーバランスの維持にある

としている。身体が動き，成長し，生き残り，再生産するには，当然ながらエネルギーが必要である。しかし，エネルギーが枯渇してから，それを求めるのでは時はすでに遅い。エネルギーを手に入れるための動作を行うのにもエネルギーが必要であるからである。アロスタシス，すなわち，エネルギーの必要性を予測し，必要が生じる前にそれらを満たす準備をする予測的なエネルギー調整が不可欠である。この予測により，走り始めるには横紋筋に糖が必要であり，必要な糖を確保するためにはコルチゾールを分泌し，心拍出量を増加させなどと予測し，免疫系，内分泌系，自律神経系を含む身体の内部システムに変化を引き起こす。実際に身体が動く必要はない。多大なエネルギーを消費する面倒な仕事を押し付けてくる上司の顔を見ただけで，いや，想像しただけで，予測によりコルチゾールは分泌される。こうした内部システムの変化によって生じる感覚が内受容感覚であり，この内受容感覚がコア・アフェクトとして経験される。バレットは，コア・アフェクトの次元のうち，快－不快はその時々の身体のエネルギー状態を，活性（覚醒）は未解決な予測誤差があり学習の必要があることを知らせる情報なのではないかとしている。彼女は，あらゆる予測はこうしたエネルギー調整のためにあるといっても過言ではなく，エネルギー調整に関わる感覚入力は情報として選択され他はノイズとして無視されるとともに，エネルギー調整に影響を与えるものは何であれ予測に組み込まれていくのだとしている。

　しかし，内受容感覚だけでは感情経験には十分ではない。概念的行為モデルでも見たように，概念が必要である。概念はいわば予測の束であり，我々は，それによって，感覚入力を予測し，知覚し，それに意味を付与し，行動を方向づける。概念は，先の「上司」の例に見たように，予測的なエネルギー調整をももたらす。概念がなければ，現代音楽マニア（音楽概念が豊富）以外には現代音楽の一部がそうであるように，感覚入力は絶えず変動し続けるノイズとしてしか経験されない。概念は感覚入力の統計的な規則性に基づいて形成される。しかし，人間は概念を周囲の人間から学ぶことも可能である。感情概念に関しては，個別感情特有の生理反応も行動表出もない以上，他者から学ぶほかはない。乳児は，そのエネルギーバランスやコア・アフェクトの調整を養育者に依存する。しかし，その養育者はただ黙々とおっぱいを与えたり背中をさすったりはしていない。乳児の「意図」を積極的に読み取り，その文化特有の感情概念を用いてその感覚入力を予測し，知覚し，「怒っているのね」「悲しいのね」などと乳児に語りかける。そして，その言葉が，乳児がみずからのさまざまな感覚入力を束ねる概念となり，乳児みずから，感情概念を用いて，予測し，知覚し，行動することが可能となる。感情

はあくまで概念による構成物である。しかし，それは社会的に共有され，ただの紙切れにすぎない紙幣がその交換可能性によって価値をもつのと同様な，社会的リアリティをもつのである。

　予測と実際の必要が一致しない状態が頻繁にまたは慢性的に続けば，糖尿病，心臓病，うつ病など，さまざまな疾患のリスクが高まる。バランスを維持するには，十分な睡眠，健康的な食事，有酸素運動が必要だろう。感情経験は概念を用いて作られる。我々は感情（さらには世界）を与えられるのではなく，概念を通してみずから制作しているのである。「すげー」と「ムカつく」しか感情概念がない人と概念が豊かな人を比べてみよう。概念が豊かであれば，それだけ，感覚入力との予測誤差が少ない概念が選択される可能性も高い。より効率的に感覚を予測し，知覚し，状況に合った柔軟な行動をすることが可能だろう。概念を増やす方法はたくさんある。小説を読む，外国語を学ぶ，学問を学ぶなどである。また，ラッセルも述べるように，我々は直接コア・アフェクトの変化の原因を知りえない。志向的対象，さらには，感情経験は，あくまで推論（帰属）によって作られたものである。あくまで仮説であるとそこから距離を置くこと（脱中心化）も有効だろう。身体感覚への分解と再カテゴリー化も有効である。面接を控え心臓が高鳴る。その状態を「不安」と概念化すれば，それに応じた予測が走り出すだろう。しかし，「これからに備えて身体が準備している。準備万端だ」と概念化することもできる。マインドフルネス瞑想（意図的に，いまこの瞬間に，価値判断をすることなしに注意を向ける）は，再カテゴリー化に有効であるのみならず，感覚入力に注意を向けその精度を上げることで，予測の更新にも役立つだろう。概念の分化も重要である。「面倒な仕事を要求してくる上司」というカテゴリー化は予測的なエネルギー動員をもたらし，上司を想像しただけで疲れる。しかし，それはある状況に限定的であり，案外と親切な上司かもしれない。

███ III　おわりに

　以上，感情をどう考えるかにはさまざまな理論があり，その理論によって感情調整をどう考えるかも異なることを見てきた。感情は，物理的に実在するのではなく，概念を用いて我々が作り上げる社会的リアリティだとする構成理論の立場では，そもそも感情構成と感情調整を区別すること自体，意味をなさない。近年のウェアラブル端末の発展は，出来事，感情，コア・アフェクト，行動，認知，天候，心拍数，歩数，睡眠，位置情報などの記録を容易にしている。機械学習など

人工知能技術の発達により，こうした大量データの分析も容易になっており，た
とえば，憂うつになる生活習慣の特徴などが，その個人のデータで容易に抽出で
きる。時系列データの解析技法も発展してきており，いまや個人に応じた「感情
調整」のアドバイスも可能な時代となっている。しかし，注意すべきことは，理
論が異なれば，結果の解釈が異なり，アドバイスも異なるということである。た
とえば，評価理論や行動分析の立場では，どのような行動や評価を行うとその感
情が生じるかを明らかにしているとされる結果が，構成理論の立場では，どのよ
うな要素がそろった場合にその人はみずからの状態をその感情に分類するのかを
明らかにしていると理解される。その人は何でも同じ感情カテゴリーに分類する
人，すなわち，感情の粒度が低い人かもしれない。両者では当然アドバイスが異
なる。理論によって予測が異なれば，知覚も異なり，行為も異なる。感情研究自
体が感情を作り出す社会的行為である。理論自体もまた予測誤差にしっかりと注
意を向け，更新していく必要があるのである。

◆学習チェック
- □　感情調整のプロセスモデルを理解できた。
- □　古典的な評価理論の問題点を理解できた。
- □　コア・アフェクト理論を理解できた。
- □　バレットの感情の構成理論の概要を理解できた。

より深めるための推薦図書

大平英樹編（2010）感情心理学・入門．有斐閣

ヘイズ Hayes, S. C.・フォレット Follette, V. M.・リネハン Linehan, M. M., 春木豊監
修，武藤崇・伊藤義徳・杉浦義典監訳（2005）マインドフルネス & アクセプタ
ンス―認知行動療法の新次元．ブレーン出版.

今田純雄・中村真・古満伊里（2018）感情心理学―感情研究の基礎とその展開．培風
館.

文　　献

Arnold, M. B.（1960）*Emotion and Personality: Vol. 1. Psychological Aspects.* Columbia University Press.

Barrett, L. F.（2006）Solving the emotion paradox: Categorization and the experience of emotion. *Personality and Social Psychology Review*, 10; 20-46.

Barrett, L. F.（2017）*How Emotions are Made: The New Science of the Mind and Brain.* Houghton Mifflin Harcourt.

Bradley, M. M. & Lang, O. J.（2000）Measuring emotion: Behavior, feeling, and physiology. In: R. D. Lane & L. Nadel (Eds.): *Cognitive Neuroscience of Emotion.* Oxford University Press, pp. 242-276.

Butler, E. A., Egloff, B., Wilhelm, F. W. et al. (2003) The social consequences of expressive suppression. *Emotion*, 3; 48-67.

Cannon, W. B. (1927) The James-Lange theory of emotion: A critical examination and an alternative theory. *American Journal of Psychology*, 39; 106-124.

Dillon, D. G., Ritchey, M., Johnson, B. D. et al. (2007) Dissociable effects of conscious emotion regulation strategies on explicit and implicit memory. *Emotion*, 7; 354-365.

Eisenberger, N. I., Berkman, E. T., Inagaki, T. K. et al. (2010) Inflammation-induced anhedonia: Endotoxin reduces ventral striatum responses to reward. *Biological Psychiatry*, 68; 748-754.

Ferri, J., Schmidt, J., Hajcak, G. et al. (2013) Neural correlates of attentional deployment within unpleasant pictures. *Neuroimage*, 70; 268-277.

Forgas, J. P. (2008) Affect and cognition. *Perspectives on Psychological Science*, 3; 94-101.

Goldin, P. R., McRae, K., Ramel, W. et al. (2008) The neural bases of emotion regulation: Reappraisal and suppression of negative emotion. *Biological Psychiatry*, 63; 577-586.

Gross, J. J. (1998) Antecedent- and response-focused emotion regulation: Divergent consequences for experience, expression, and physiology. *Journal of Personality and Social Psychology*, 74; 224-237.

Gross, J. J. (2001) Emotion regulation in adulthood: Timing is everything. *Current Directions in Psychological Science*, 10; 214-219.

Gross, J. J.(2015)Emotion regulation: Current status and future prospects. *Psychological Inquiry*, 26; 1-26.

Gross, J. J. & Levenson, R. W. (1997) Hiding feelings: The acute effects of inhibiting positive and negative emotions. *Journal of Abnormal Psychology*, 106; 95-103.

James, W. (1890) *The Principles of Psychology, Vol. 1*. Holt.

Lazarus, R. S. (1966) *Psychological Stress and the Coping Process*. McGraw-Hill.

Quirk, G. J. & Mueller, D. (2008) Neural mechanisms of extinction learning and retrieval. *Neuropsychopharmacology*, 33; 56-72.

Rodriguez, M. L., Mischel, W. & Shoda, Y. (1989) Cognitive person variables in the delay of gratification of older children at risk. *Journal of Personality and Social Psychology*, 57; 358-367.

Russell, J. A. (2003) Core affect and the psychological construction of emotion. *Psychological Review*, 110; 145-172.

Schachter, S. & Singer, J. E.(1962)Cognitive, social, and physiological determinants of emotional state. *Psychological Review*, 69; 379-399.

Troy, A. S., Shallcross, A. J. & Mauss, I. B. (2013) A person-by-situation approach to emotion regulation: Cognitive reappraisal can either help or hurt, depending on the context. *Psychological Science*, 24; 2505-2514.

Wei, M., Su, J. C., Carrera, S. et al.(2013)Suppression and interpersonal harmony: A cross-cultural comparison between Chinese and European Americans. *Journal of Counseling Psychology*, 60; 625-633.

第 3 部
人格の概念および形成過程

第 8 章

人格の遺伝

川本哲也

⚭ *Keywords*　双生児研究，遺伝率，共有環境，非共有環境，遺伝環境相関，遺伝環境交互作用，エピジェネティクス，ゲノムワイド関連解析（GWAS）

　人格とは，私たち 1 人ひとりのその人らしさを表すものであり，その人のアイデンティティに関わる重要な個人差の次元である。まさに人格という点において，私たちは十人十色，1 人として同じ人はいない。では，この人格の 1 人ひとりの違いは何によって生じてくるのだろうか。生まれてからこれまでに経験してきた多様な人生経験か，それとも両親から受け継いだ遺伝子か。本章は，この 1 人ひとりの人格の違いの背後にある，遺伝と環境のメカニズムについて扱うこととする。

I　ヒトゲノム

　ゲノムとは，私たち人も含めた個々の生物がもつ遺伝子のセットを意味する。人のゲノムは約 2 万から 2 万 5 千ほどの遺伝子を含んでいるといわれ，23 組・46 本の染色体上にすべての遺伝子が配置されている。遺伝子とはデオキシリボ核酸（DNA）からなる遺伝情報であり，DNA はその構造の中に 4 種類の塩基（アデニン A，チミン T，グアニン G，シトシン C）をもつ。この 4 種類の塩基がどのように並んでいるかで，遺伝子のもつ固有の情報が決定される。

　ヒトゲノムプロジェクトにより，2003 年に人のもつ全ゲノムの 99％以上の遺伝子が，99.99％以上の正確さで解読された。しかし，これにより人の DNA の全機能が判明したわけではなく，個々の遺伝子がどのように機能しているのか，いまなお研究が進められている。そしてそれは，本章が扱う人格についても同様で，人格の形成においてどのように遺伝子が機能しているのか，学際的な研究が進められている。

▌ II　人格の遺伝に関する論争

　人格の遺伝に関する研究は，必ずしも遺伝の影響のみに関心をもっているわけではない。しかし，人の心に関する遺伝と環境の問題は，古くから「生まれか育ちか」論争（nature-nurture debate）として議論されてきた。生まれか育ちかという問題は，多くの場合，個人差が遺伝のみで決まるのか，それとも環境のみで決まるのかという二元論的な議論になりがちである。これまで行われてきた科学的な研究は，人格を含むさまざまな行動形質の個人差がどれほど遺伝と環境によって生じ，遺伝と環境がいかに相互作用するのかを明らかにしようとしてきた。つまり，遺伝と環境の「どちらが」ではなく，それぞれが「どのくらい」または「どのように」影響しているのかを検討してきたといえる。

　しかし，人格の遺伝を含めた心の遺伝に関する知見が誤って解釈され，イデオロギー的な反発からくる議論や，優生学的な考えを憂慮する議論などを呼ぶことも多い。それは，得られてくる知見が養育による社会化や個人の経験のような環境の影響よりも，遺伝による影響の方が人格の核となる特徴を形成するのに重要であると受け取られてしまうからかもしれない。

　人格の個人差に遺伝が影響しているからといって，環境の影響が存在しないわけではない。あくまでも遺伝も環境も，両方が人格の形成に寄与することを示しているのである。また，遺伝子と環境は複雑な相互作用を通じ，環境による遺伝子の発現の調節が行われたりもする。さらに，人格は何百，何千もの遺伝子の効果が合わさり，その総体として生じてくるものである。ゆえに，選択的に特定の人格傾向をもつ者を育成することは不可能である（Munafò et al., 2011）。人格の遺伝を学ぶうえでは，以上の注意点について自覚的である必要がある。

▌ III　行動遺伝学とは

1．行動遺伝学の手法

　人格の個人差がどれほど遺伝と環境に影響されるのかを明らかにするために，行動遺伝学の手法が用いられる。行動遺伝学とは，人格や知能にとどまらず，態度や価値観といった，人やその他の動物の心や行動の個人差に対する遺伝と環境の影響を明らかにする学問である。より具体的にいうと，ある心や行動の特徴（形質）について「なぜある人は○○なのに，別の人は△△なのか？」という問いを

立て，それに対し遺伝と環境の影響から答えを出す学問といえる。

　行動遺伝学は個人差に寄与する遺伝と環境を検証するために，選抜育種（selective breeding），家系研究（family studies），双生児研究（twin studies），養子研究（adoption studies）の4つの手法を用いてきた。ここでは，行動遺伝学研究の中でもとくに利用されることの多い双生児研究について，その手法の原理を説明する。

2．双生児研究の原理

　双生児研究は，一卵性双生児（monozygotic twins：MZ）と二卵性双生児（dizygotic twins：DZ）を比較し，前者の方がより似ているとの事実から，人格の個人差全体に対する遺伝と環境の影響の比率を推定する方法である。推定の際は，一卵性双生児は双生児間で遺伝子を100％共有し，二卵性双生児では平均して50％を共有していることを前提とする。また，一卵性双生児と二卵性双生児とで，育てられてきた家庭環境には質的な差がないと仮定し，これを等環境仮説（equal environment assumption）と呼ぶ。

　環境の影響については，双生児1人ひとりが共通して経験する環境と，双生児1人ひとりが個別に経験する独自の環境がある。前者は共有環境と呼ばれ，後者は非共有環境と呼ばれる。共有環境とは，双生児が共に経験し，その双生児1人ひとりをより似た者同士にするような環境を指す。一方，非共有環境とは双生児1人ひとりをより異なる者にするような環境である。

　以上の遺伝，共有環境，非共有環境の3つの要因が組み合わさることで，人格を含めた行動形質の個人差が生じるという考えが，双生児研究の基本的な原理となる。この3つの要因のうち，遺伝と共有環境の影響は双生児1人ひとりをより似せる方向に作用する。一卵性双生児も二卵性双生児も，双生児同士の間では人格にある程度の類似性があるが，その類似度は遺伝の影響と共有環境の影響の和として生じたものである。共有環境の影響は，その定義から一卵性双生児と二卵性双生児の両方に仮定されるものであるが，遺伝の影響は一卵性双生児と二卵性双生児の間で影響の大きさが異なる。先述のように，一卵性双生児は遺伝子を100％共有しているが，二卵性双生児は遺伝子を平均して50％しか共有していない。つまり双生児同士の間の人格の類似度に寄与する遺伝的要因の影響は，二卵性双生児では一卵性双生児の半分になる。これを式で表すと以下のようになる。

$$r_\mathrm{MZ} = 1 \times 遺伝 + 1 \times 共有環境 \tag{1}$$

$$r_{DZ} = 0.5 \times 遺伝 + 1 \times 共有環境 \tag{2}$$

　r_{MZ} は一卵性双生児同士の類似度，r_{DZ} は二卵性双生児同士の類似度である。ここで，（1）式から（2）式を引くと，$(r_{MZ} - r_{DZ}) = 0.5 \times 遺伝$ となり，両辺に 2 をかけて両辺を移項すれば，

$$遺伝 = 2(r_{MZ} - r_{DZ}) \tag{3}$$

となり，遺伝の効果が推定される。得られた遺伝の効果である（3）式を（1）式に代入すれば，

$$共有環境 = 2\,r_{DZ} - r_{MZ} \tag{4}$$

として，共有環境の効果が推定される。また，一卵性双生児については遺伝も共有環境も 100%同じであるため，双生児 1 人ひとりの差異は非共有環境からのみ生じることになる。類似度は 0（まったく似ていない）から 1（完全に同じ）までの範囲をとりうるので，

$$非共有環境 = 1 - r_{MZ} \tag{5}$$

ということになる。

3．遺伝率とその解釈

　人格などの行動形質の個人差は，統計学的には分散と呼ばれる指標で表される。したがって，双生児研究は一卵性双生児と二卵性双生児の差異を用い，行動形質の分散を遺伝と共有環境，非共有環境の 3 つに分解していることになる。その際，行動形質の分散のうち遺伝的要因によって説明される分散の割合を遺伝率（heritability）と呼ぶ。先ほどの（3）式で求めた遺伝の効果は，まさにこの遺伝率に相当するものである。

　この遺伝率と同じ考え方で，共有環境によって説明される分散の割合（（4）式）や，非共有環境によって説明される分散の割合（（5）式）も求めることができる。ただし，非共有環境については，測定誤差を含んでいることに注意する必要がある。

遺伝率は，40％や60％という形で明示的に遺伝的要因の効果の大きさを示すことができるため，その結果が独り歩きすることも多い。また，遺伝率の理解に関する誤解もよく生じてしまう。よくある誤解として，遺伝率を定数のごとく扱ってしまう点が挙げられる。遺伝率は，あるときある環境において得られたデータに基づく統計量にすぎず，サンプル（たとえばサンプルの年齢や性別）やそれを取り巻く環境（たとえば著しく剥奪された環境）が変われば遺伝率は変わりうるものである。

　また，遺伝率を個人にあてはめてしまう誤った理解も散見される。遺伝率はサンプルまたは母集団の中での統計量にすぎず，個人内でどれだけ遺伝的要因が影響しているのかは意味していない。例として身長の遺伝率について考えてみよう。身長の遺伝率は，男性では約70〜80％といわれている（Jelenkovic et al., 2016）。たとえばAさん（身長175 cm），Bさん（165 cm），Cさん（170 cm），Dさん（167 cm），Eさん（173 cm），Fさん（180 cm），Gさん（177 cm），Hさん（168 cm），Iさん（179 cm），Jさん（169 cm）という10人の男性がいたとする（平均＝172.3 cm，分散＝25.0）。よくある誤解として，たとえばAさんの身長175 cmのうち約70〜80％（つまり122.5 cm〜140.0 cm）が遺伝子でできあがる部分という解釈があるが，これは大きな誤りということになる。遺伝率が約70〜80％というのは，この10人の身長の分散の70〜80％，つまり17.5〜20.0を遺伝的要因によって説明することができることしか意味していない。

　遺伝率を個人にあてはめることができないことは，以下のたとえを考えてみるとわかりやすいかもしれない。多くの人が食べたことがあるであろう「クッキー」は，小麦粉と砂糖，バターからできるものである。ここで，ある1枚のクッキーにおいて小麦粉と砂糖とバターのどれが大事か，と議論することに意味はない。なぜならば，小麦粉と砂糖とバター，どれ1つを欠いてもクッキーはできあがらないからである。これを私たちの人格におきなおしてみると，ある1人の人格を形成するうえで，遺伝と共有環境と非共有環境のどれが大事か，という議論になる。クッキーのたとえからわかるように，この問いが意味をもたないことは，明白であろう。遺伝と共有環境と非共有環境，どれか1つを欠いてもその人の人格は形成されえないのである。

　ところがいま，目の前に100種類のクッキーがあったとして，その100種類のクッキーの中の「甘さ」という次元のばらつきを説明するのに，小麦粉の量と砂糖の量とバターの量，どれが大事かと議論することは意味がある。これを人格

におきなおすと，いま 100 人の人がいて，その人たちの「外向性」の個人差を説明するのに，遺伝と共有環境と非共有環境のどれが重要なのかと議論することになる。ここで外向性の分散のうち遺伝子，共有環境，非共有環境がそれぞれ説明する割合が重要になってくる。このように，遺伝的要因の影響と環境的要因の影響を議論するためには，サンプル全体のレベル，または母集団レベルでの解釈が必要となる。

■ IV　行動遺伝学研究から明らかになったこと

　ここでは，上述してきた行動遺伝学研究の中で明らかになってきた，人格の遺伝と環境に関する知見を紹介していく。

1．気質・人格特性

　気質については，これまでにさまざまな次元が提唱されているが，その中でも活動水準（activity level）などは行動遺伝学の知見が多く存在する気質次元である。成人サンプルを対象とした知見では，活動水準をはじめとする気質の遺伝率は約 50％であったことが報告された（Oniszczenko et al., 2003）。また，1 歳から 2 歳までの幼児を対象とした知見でも，活動水準を含む気質の各次元の遺伝率は 35 ～ 57％であった（Braungart et al., 1992）。これらの研究において，環境的要因からの影響についてはとくに非共有環境が気質の個人差を説明し，共有環境による説明率は非常に低いことが示された。

　人格特性の個人差に寄与する遺伝的要因と環境的要因については，これまでに多くの研究がなされてきている。さまざまな人格特性が存在するなか，行動遺伝学による遺伝と環境の検討が最もなされてきたのは，外向性（extraversion）と神経症傾向（neuroticism）である。両特性とも，その遺伝率は約 40 ～ 50％程度といわれており，少なからぬ遺伝的要因の影響が明らかにされた（e.g., Polderman et al., 2015）。環境的要因の影響については，ここでも非共有環境からの影響が大きく，共有環境からの影響は相対的に少ない。ただし，外向性や神経症傾向の遺伝率はサンプルの年齢によって変化するという。この約 40 ～ 50％の遺伝率は，成人期前期くらいまでのサンプル（30 歳くらいまで）により得られる値であり，その後は外向性と神経症傾向ともに遺伝率が低下していくことが示された（Kandler, 2012）。

　また，神経症傾向や外向性のような人格のビッグファイブ（第 10 章を参照）の

中に含まれるような特性だけではなく，たとえば自尊心などにも遺伝的要因からの影響が認められていて，遺伝率は約30％程度であることが示された（Kendler et al., 1998）。

2．価値観・態度・動機づけ

気質や人格特性は，人格の中でもより基礎的な特性であるが，より日常の社会生活と関連した人格の側面として，価値観や態度，動機づけが挙げられる。価値観や態度の個人差に関する行動遺伝学研究は，人格特性などの研究と比べると少ない。これまでに得られている知見をまとめると，価値観・態度の個人差は約30％が遺伝的要因により説明され，同じく約30％が共有環境により説明され，残りが非共有環境によることが示されており，気質や人格特性とやや異なる傾向が見られている（Polderman et al., 2015）。ただし，遺伝的要因の寄与については何に対する価値観や態度なのかにより結果が異なる。たとえば，保守的態度（conservative attitude）と宗教的態度（religious attitude）の個人差に対する遺伝的要因と環境的要因の寄与を調べた研究では，前者については個人差の約20％が遺伝的要因により説明され，後者では遺伝的要因の寄与はほぼ0％となり，共有環境と非共有環境から個人差が説明されるという結果が得られた（Abrahamson et al., 2002）。

また，とくに学習に対する態度と関連したものとして，学習への動機づけがある。学習への動機づけの個人差に対する遺伝的要因と環境的要因の寄与については，価値観や態度と同様にあまり研究は多くはない。しかし，近年得られた1万3,000組近くの双生児のデータを用いた研究から，学習への動機づけの個人差における遺伝率は約40％であったことが報告された（Kovas et al., 2015）。またこの研究では，共有環境からの影響はほぼ見られず，非共有環境が残りの約60％の個人差を説明していた。

以上のことをまとめると，人格の諸側面の個人差における遺伝率は中程度（30〜50％）であり，残りの50〜70％程度の個人差は環境的要因によって説明されることがわかる。また，その環境的要因は，ほとんどが非共有環境であり，共有環境は価値観や態度において限定的に見られるにすぎない。これらの知見はすべて，①人のすべての形質は，遺伝的要因の影響を受け，②人の形質の個人差に対する共有環境の影響は相対的に小さく，③人の形質の個人差の大部分は非共有環境から説明されるという行動遺伝学の3原則（Turkheimer, 2000）に合致するものである。

ただし，この非共有環境は，前節にて言及したように測定誤差を含んだ説明率

となっている点に注意する必要がある。加えて，非共有環境といっても「どの」非共有環境がどれほど影響するのかについては言及されておらず，より具体的な環境の特定も今後重要な課題といえる。

V　遺伝と環境の相互作用

　前節では，行動遺伝学研究によって人格に対し遺伝的要因と環境的要因が相対的にどれほど影響するのかを紹介した。それらの知見は，遺伝的要因と環境的要因が独立に影響することを仮定している。しかし，現実には遺伝的要因と環境的要因の間にはさまざまな相互作用が想定される。本節では両者の相互作用について3つの観点を紹介する。

1．遺伝環境相関

　ある特定の遺伝子をもった人が特定の環境を経験しやすくなるような場合，これを遺伝環境相関と呼ぶ。遺伝環境相関には受動的遺伝環境相関（passive gene-environment correlation），誘導的遺伝環境相関（evocative gene-environment correlation），能動的遺伝環境相関（active gene-environment correlation）の3つが知られる。受動的遺伝環境相関とは，子どもの遺伝子型が，その子どもと遺伝的に関連のある養育者によりもたらされる養育環境と関連する場合などに見られる。外向性の高い母親から生まれた子どもは，外向性を高くするような遺伝子をもつ可能性が高いが，それと同時に養育者が子どもの外向性を高くするような環境をセッティングすると，子どもの遺伝子と環境の間に関連が生じる。

　誘導的遺伝環境相関とは，ある人の遺伝子から引き出された周囲の人からのさまざまな反応などが該当するものである。これは，その人が環境に影響を与えるかどうかではなく，周囲の人たちが遺伝的に決まるその人の特徴にどう反応するのかに言及した遺伝環境相関である。たとえば，外向性を高くする遺伝子をもつ子どもの行動が，よりその子の外向性を高くするような周囲の人からの働きかけ（パーティーに誘うなど）を生み出す場合，その子の遺伝的特徴により環境が誘導されて，両者の間に関連が生じうる。

　能動的遺伝環境相関とは，ある遺伝的特徴をもった人が，自分の遺伝的特徴にマッチした環境をみずから選択して身をおく場合に生じうる遺伝環境相関である。たとえば，外向性を高くする遺伝子をもつ子どもが，接したことのない目新しい社会的環境を探し出す場合，その子は自身の遺伝的特徴に合う環境を選択す

ることになるため，両者の間に関連が生じうる。なお，これはニッチ獲得（niche picking；Scarr et al., 1983）としても知られている。

2．遺伝環境交互作用

　異なる遺伝子型をもった人が，同じ環境に対して異なる反応をするような場合，これを遺伝環境交互作用と呼ぶ。このタイプの遺伝子と環境の相互作用に関する有名な例として，モノアミン酸化酵素 A（セロトニン，ドーパミン，ノルアドレナリンなどのモノアミン神経伝達物質の酸化を促進する酵素の一種）の遺伝子（*MAOA*）とマルトリートメント（不適切な養育）の間の交互作用が知られている。子どもの反社会的行動が養育者のマルトリートメントに関連することは想像に難くないが，そのマルトリートメントの与える影響が *MAOA* の遺伝子型によって異なることが明らかにされている（Caspi et al., 2002）。この研究では，MAOA 活性が低くなる遺伝子をもつ子どもでは，マルトリートメントを受けると反社会的行動や攻撃傾向が高まるのだが，MAOA 活性が高い遺伝子をもつ子どもでは，マルトリートメントを受けてもその影響を受けにくいことが示唆されている。

3．環境による遺伝子発現の調節

　人は自分が生まれながらにもっているゲノムを変えることはできない。しかし，そのゲノム中の遺伝子の活性は，環境からの影響により変わりうることが示されている。この環境による遺伝子の発現パターンの調節は，エピジェネティックな変化に含まれるものである。エピジェネティクス（epigenetics）とは，DNA の塩基配列が変化することなく遺伝子の発現を制御する仕組みを指す。メカニズムはさまざまなものが知られているが，その 1 つに DNA のメチル化があげられる。これは，DNA 中のシトシンにメチル基（－CH3）が付加される反応で，私たち人を含めた生物に広く見られる現象であり，遺伝子の発現に影響する重要な仕組みである。これまでに，たとえば，幼少期におけるストレス曝露が，DNA のメチル化を通じて，青年期における多くの遺伝子の発現パターンの違いを生み出すことが示されている（Essex et al., 2013）。

4．分子遺伝学の進歩

　近年の分子遺伝学の目覚ましい発展は，人格の遺伝に関するさまざまな知見をもたらしてきた。とくに，ある人格特性と関連するかもしれない遺伝子（候補遺伝子）を同定し，その遺伝子中の一塩基多型（SNP：single nucleotide polymorphism）

を用いてその人格特性との関連性を明らかにするような，候補遺伝子アプローチが以前より用いられてきている。この手法により，たとえば神経症傾向とセロトニントランスポーター遺伝子（*SLC6A4*）との関連や（Lesch et al., 1996），新規性追求とドーパミン D4 レセプター遺伝子（*DRD4*）との関連が明らかにされてきた（Benjamin et al., 1996）。

　さらに，ゲノム全体をほぼカバーする 50 万カ所以上の SNP における遺伝子型を決定し，それらの SNP の頻度と特定の人格特性との関連を探るような，ゲノムワイド関連解析（GWAS：genome wide association study）と呼ばれる手法も用いられるようになっている。実際に，人格のビッグファイブ（第 10 章を参照）の各次元と関連する遺伝子が GWAS を用いて検討されている（Terracciano et al., 2010）。その結果，複数の遺伝子が人格特性と関連するものの，その 1 つひとつの遺伝子の効果量は非常に小さいことが明らかにされた。さらに，GWAS を用いて得られてくる遺伝率は，行動遺伝学的手法から得られる遺伝率よりも小さいことが繰り返し示されていて，これを隠された遺伝率（hidden heritability）と呼ぶ。隠された遺伝率については，なぜそのようなことが生じるのかいまなお議論の続くトピックとなっている。

◆学習チェック
□　双生児研究の原理について理解した。
□　遺伝率の意味について理解した。
□　人格の諸側面に対する遺伝的要因・環境的要因の寄与について理解した。
□　遺伝環境相関，遺伝環境交互作用，環境による遺伝子発現の調節について理解した。

より深めるための推薦図書

　安藤寿康（2017）「心は遺伝する」とどうして言えるのか—ふたご研究のロジックとその先へ．創元社．

　木島伸彦（2014）クロニンジャーのパーソナリティ理論入門—自分を知り，自分をデザインする．北大路書房．

　東京大学教育学部附属中等教育学校編（2013）ふたごと教育—双生児研究から見える個性．東京大学出版会．

文　　献

Abrahamson, A. C., Baker, L. A. & Caspi, A.（2002）Rebellious teens? Genetic and environmental influences on the social attitudes of adolescents. *Journal of Personality and Social Psychology*, 83; 1392-1408.

Benjamin, J., Li, L., Patterson, C. et al.（1996）Population and familial association between the

D4 dopamine receptor gene and measures of novelty seeking. *Nature Genetics*, 12; 81-84.

Braungart, J. M., Plomin, R., DeFries, J. C. et al.（1992）Genetic influence on tester-rated infant temperament as assessed by Bayley's Infant Behavior Record: Nonadoptive and adoptive siblings and twins. *Developmental Psychology*, 28; 40-47.

Caspi, A., McClay, J., Moffitt, T. E. et al.（2002）Role of genotype in the cycle of violence in maltreated children. *Science*, 297; 851-854.

Essex, M. J., Boyce, W. T., Hertzman, C. et al.（2013）Epigenetic vestiges of early developmental adversity: Childhood stress exposure and DNA methylation in adolescence. *Child Development*, 84; 58-75.

Jelenkovic, A., Hur, Y. M., Sund, R. et al.（2016）Genetic and environmental influences on adult human height across birth cohorts from 1886 to 1994 *Flife*, 5; e20320.

Kandler, C.（2012）Nature and nurture in personality development: The case of neuroticism and extraversion. *Current Directions in Psychological Science*, 21; 290-296.

Kendler, K. S., Gardner, C. O. & Prescott, C. A.（1998）A population-based twin study of self-esteem and gender. *Psychological Medicine*, 28; 1403-1409.

Kovas, Y., Garon-Carrier, G., Boivin, M. et al.（2015）Why children differ in motivation to learn: Insights from over 13,000 twins from 6 countries. *Personality and Individual Differences*, 80; 51-63.

Lesch, K. P., Bengel, D., Heils, A. et al.（1996）Association of anxiety-related traits with a polymorphism in the serotonin transporter gene regulatory region. *Science*, 274; 1527-1531.

Munafò, M. R. & Flint, J.（2011）Dissecting the genetic architecture of human personality. *Trends in Cognitive Sciences*, 15; 395-400.

Oniszczenko, W., Zawadzki, B., Strelau, J. et al.（2003）Genetic and environmental determinants of temperament: A comparative study based on Polish and German samples. *European Journal of Personality*, 17; 207-220.

Polderman, T. J. C., Benyamin, B., de Leeuw, C. A. et al.（2015）Meta-analysis of the heritability of human traits based on fifty years of twin studies. *Nature Genetics*, 47; 702-709.

Scarr, S. & McCartney, K.（1983）How people make their own environments: A theory of genotype greater than environment effects. *Child Development*, 54; 424-435.

Terracciano, A., Sanna, S., Uda, M. et al.（2010）Genome-wide association scan for five major dimensions of personality. *Molecular Psychiatry*, 15; 647-656.

Turkheimer, E.（2000）Three laws of behavior genetics and what they mean. *Current Directions in Psychological Science*, 9; 160-164.

第9章

人格の社会・進化的要因

横田晋大

⌕ *Keywords*　人格，遺伝，環境，進化，ふたご研究，ビッグファイブ

　「子どもが死んで気の毒だったが，おれは神になったような気分だった。人間を超える神のパワーだった。」（ピーター・ウッドコックへのインタビューより抜粋：1956年から57年にかけてカナダで幼児3人を殺害し，その後収容先の施設でも同じ収容者を殺害）

　「サイコパス」をご存じだろうか。いわゆる，「他人を傷つけても平気な人たち」のことである（杉浦，2015）。その特徴は，冷酷であり，共感性と恐怖心が欠如している点にある。その他にも，衝動的で，つねに自信あふれる態度であり，高い集中力を有し，重圧下でも冷静，魅力的でカリスマ性があり，モラルが欠如している，などがある。このような人々は人口全体の数％存在し，連続殺人などの重大な犯罪者の中に多いといわれることから，注目が集まっている。そして，重要なことは，サイコパスとは，病理ではなく，あくまで人格であるという点である。つまり，サイコパス傾向は「治療」できるものではない。ただし，このサイコパス傾向は連続的なものであり，極端な値を示す人たち以外の比較的その傾向が高い人たちは，「成功したサイコパス」（Hall et al., 2006）として社会に溶け込んでいるケースが多い。ただし，「社会的捕食者」と表現されるように，その多くは接触した人間の弱みを見出して，搾取する傾向にあるといえる。

　このような反社会的な人格（本章では人格を気質，性格，人格を含んだ広い定義で扱う）というものはそもそもなぜ存在するのだろうか。共感性が著しく低いというサイコパスの特徴は，対人関係を形成するうえでは不利である。さらに，モラルと恐怖心が欠如していることは，罰せられるということを一切考えないため，自分の利益のために犯罪に手を染めることを躊躇しないだろう。いわゆる自然淘汰の観点から考えれば，このような人はコミュニティにおいて危険であるた

め，疎まれたり，排除され，結果として子孫を残す機会を失い，しだいにその数が減っていっても不思議ではない。それなのに，歴史を紐解くと，サイコパスと思しき歴史上の人物を何人も見つけることができるし，現代社会にも実際にサイコパスは存在する。つまり，サイコパスは少数ながらも存在し続けているのである。反社会的な人格としては，サイコパスのみならず，自己利益のために他者を欺いて操ろうとする傾向であるマキャベリ主義，攻撃性と関連する自己愛傾向（ナルシシズム），という存在が明らかになっている（サイコパスとあわせてダークトライアド〔Dark Triad〕と呼ばれている）。では，なぜこれらの人格は，今現在も存在し続けることができるのだろうか。

　この問いに対するアプローチの1つとして，人格にどのような社会的な要因および進化的な要因が影響するのかを明らかにすることが挙げられる。言い換えれば，人格とは遺伝で決まるのか，それとも環境で決まるのか，という「氏か育ちか」を明らかにする。反社会性のみならず，人格における遺伝と環境の影響を考えることは，そもそもなぜそのような人格を人が有しているのかを考えるうえで重要である。いうなれば，人格が変わるものなのか否か，であろう。この問いは，人の倫理や尊厳に関わることからも，検討されるべき重要な問いである。遺伝の場合には，人格に影響を与える遺伝子の特定やその影響過程を明らかにしなければならない。なぜならば，反社会性に関連する遺伝子を生まれながらにもつというだけで「排除されるべき」と判断されてしまうような，いわゆる第二次世界大戦におけるドイツ軍のナチスが採用した，優生学に基づく人種差別に発展する危険性が含まれるからである。一方で，環境のみで決まるということであれば，人格は生まれた場所によって決定するため，同じ環境に生まれれば人格の個人差というものがそもそも生じないことになる。また，環境次第では，どのような人格でも「創り出せる」ことになるだろう。これらの人格におけるさまざまな可能性の真偽を確かめるためには，その遺伝と環境の影響を明らかにするべきである。

　本章では，人格における社会・進化的要因について，遺伝と環境という視点から，現在までに明らかになっていることを紹介する。その説明を踏まえたうえで，1つの例として，サイコパスがなぜ存在するかという上述の問題に取り組んだ知見を紹介する。

■ I　人格における遺伝と環境の影響——行動遺伝学の観点から

　人格における遺伝と環境の影響を検討するのが行動遺伝学である。人間の行動

や心理を，遺伝と環境の両側面を踏まえ，それらの相互作用過程を検討する学問分野である。行動遺伝学では，環境を共有環境と非共有環境という2つのカテゴリーに分類している。家族同士の類似性をもたらすような経験を家庭で経験していることを共有環境，そのような経験をしないことを非共有環境と呼ぶ。たとえば，家族全員で決まった時間に同じものを食べたり，同じ場所に家族全員で旅行に行ったりすることは共有環境であり，家族以外の人と接することは非共有環境である。これら遺伝，共有環境，非共有環境がそれぞれどのくらい人の心や行動に影響を与えているのか，またはそれらが交互作用的に働く（複数の要因が合わさってはじめて影響する）のかを明らかにすることが行動遺伝学の目指すものである（第8章も参照）。

　行動遺伝学からのメッセージは次の3つにまとめられる。①遺伝の影響はあらゆる側面に見られる，②共有環境の影響はまったくないか，あっても相対的に小さい場合が多い，③非共有環境の影響が大きい。すなわち，行動遺伝学が明らかにしてきたことは，遺伝と環境の両方が人の心や行動に影響するということである。さらに，交互作用的な遺伝の影響，すなわち，遺伝の影響が環境の変化によって現れることもある。たとえば，日本人の男性における年齢と収入の関係において，就職をしたばかりの頃の収入に対しては家庭環境の影響が大きいが，年齢を経るにつれて遺伝の影響が大きくなっていくことが明らかになっている（Yamagata et al., 2013）。では，行動遺伝学ではどのような方法を用いて，このような結論を導くことができたのだろうか。以下では，行動遺伝学におけるふたご研究について紹介する。

■ II　ふたご研究

　双生児法（twin method）は，行動遺伝学における主要な方法論である。遺伝子と生育環境をともに共有する一卵性双生児（monozygotic twin）と，生育環境は一卵性と同等に共有するが，遺伝的には一卵性の半分しか似ていない二卵性双生児（dizygotic twin）の類似性（相関係数）の比較から，遺伝と共有環境，非共有環境の影響の程度を明らかにする手法である。二卵性双生児の類似性と比べて一卵性双生児の類似性が上まわる場合，その程度が遺伝の影響であると見なすことができる。双生児法により明らかになっていることは，遺伝の影響はおおむね50％程度であり，共有環境の影響は一部の特性を除いて見られることはなく，非共有環境こそが環境要因として影響力をもつ，ということである。ふたごの類似

性の指標には相関係数を用いる。相関係数が正の方向で高い場合には2人が類似しており，低ければ似ていないとなる。たとえば，中高生時の体重の類似性は，一卵性では 0.90 であり，二卵性は 0.56 である。一卵性の類似性は二卵性よりも数値が高いため，体重に関しては遺伝の影響が大きいと考えられる。興味深いのは，一卵性の相関係数が，完全に一致を意味する1にならないことである。これは一卵性のふたごといっても，すべての環境をともに経験するわけではないからである。たとえば，小学校のクラス分けで違うクラスに配属されれば，つき合う友達も異なってくるだろう。この一卵性と二卵性のふたごの類似性の経時的な変化を追うことによって，どのような時点で遺伝の影響が強くなったり弱くなったりするのかを理解することができるのである。

1．ふたご研究で見出された人格における遺伝と環境の影響

　では，人格において，遺伝と環境はどの程度影響するのだろうか。メタ分析（同じ現象を検証した複数の先行研究を収集し，分析する手法）の結果から，人格に与える遺伝の影響はおよそ 40 ～ 50％であり，共有環境の影響は0か小さく，残りは非共有環境であることが報告されている（Vukasović et al., 2015）。例として，人格を測定する尺度であるビッグファイブを用いた先行研究を紹介しよう。ビッグファイブとは，人間の人格は普遍的に5つの因子からなるとする理論に基づき，人格として外向性，神経症傾向，誠実性，調和性，開放性を仮定するものである。外向性とは，人との関係などにおいて，外界に積極的に働きかける傾向である。外向的な人は積極的に強い刺激を求め，活動的だが，極端になると無謀な行動をしやすくなる。一方，内向的な人は控えめで物静かな生活を求めるが，極端になると臆病で何もできなくなってしまう。神経症傾向は，危険に敏感に反応する傾向である。神経症傾向が高いと，敏感であり，ストレスに対して不安や緊張などの感情的反応をもちやすく，極端になると精神疾患につながることもある。一方，神経症傾向が低い人は，危険があっても動じることなく安定した情緒をもっているが，極端な場合には感情表現が乏しいと見られてしまう。誠実性は，明確な目的や意志をもって物事をやり抜こうとする傾向である。誠実性が高いと意志が強く，勤勉に振る舞うが，極端になると強迫的で仕事中毒に陥りやすい。誠実性が低いと，環境や自分をありのままに受け入れ，こだわりをもたない傾向になるが，極端になると無気力で怠惰になってしまう。同調性は，他の人との関係において周りの人と同調しやすいか，独立的に振る舞うかである。同調性が高いと，他者との協調的な関係を築くことができるが，極端になると自己を

見失う。一方で，同調性が低ければ，独自性を押し出してくるが，極端になると人に対して冷淡で敵意をもったり自閉傾向が見られたりする。開放性は，イメージや思考などの豊かさである。開放性が高い人は遊び心があり，好奇心が旺盛で新しいものが好きである。しかし，極端になると社会から逸脱し，夢想や妄想にとらわれてしまう。一方，開放性が低い場合には堅実な振る舞いをするが，極端になると権威や伝統にとらわれる権威主義者になる。

　ビッグファイブの測定には, NEO Personality Inventory Revised（NEO-PI-R）が用いられることが多い。ビッグファイブにおける遺伝と環境の影響の割合は，日本のふたごサンプルを対象とした場合，神経症傾向（遺伝＝ 0.46，非共有環境＝ 0.54），外向性（遺伝＝ 0.46，非共有環境＝ 0.54），開放性（遺伝＝ 0.52，非共有環境＝ 0.48），調和性（遺伝＝ 0.36，非共有環境＝ 0.64），誠実性（遺伝＝ 0.52，非共有環境＝ 0.48）であり（Shikishima et al., 2006），いずれも，遺伝の影響がおよそ 50％であり，共有環境の影響はなく，非共有環境のみが影響している。この傾向は日本に限らず，世界共通であり，他の人格を測定する尺度でも同様の結果が得られている（Vukasović et al., 2015）。

2．遺伝と環境の影響における社会的要因

　上述のように, 遺伝と環境（とくに家族以外の人と経験する非共有環境）が人格に影響を与えることが示された。ただし, 地域によってはその影響力に差が見られる。たとえば，遺伝と環境における人格への影響に関するレビュー（Bouchard et al., 2001）を参照すると，同調性における遺伝の影響は，アメリカの中でも 0.33 と 0.51 という差が見られる。この違いはなぜ生まれるのだろうか。1 つの社会的要因として注目されているのは，都会か田舎か，である。都会の方が田舎よりも，遺伝の影響力が大きい。すなわち，一卵性のふたごの方が，二卵性のふたごより似ている傾向が，都会の方が大きいのである。これ以外にも，宗教的に厳しい家庭に育った人に比べて，そうではない人の方が，不道徳な快楽におぼれることを好む傾向や，未婚女性の方が既婚女性よりも飲酒量において，遺伝の影響が大きいという報告もある。これらの先行研究が示唆することは，社会的な抑制の強さが遺伝の影響に関係するかもしれないということである。社会的な抑制が強いと，遺伝よりも非共有環境の方が人格に対して強く影響する可能性がある。このように，社会的な要因は遺伝と環境が人格に与える影響を調整するように働くのである。ただし，このような交互作用を検討した研究は少なく，今後の知見の蓄積が求められる。

Ⅲ　人格における進化的要因

　なぜ人格というものは存在するのだろうか。現在，上述したビッグファイブのように，人格は 1 つではなく，複数の因子からなる構成概念だという考えが主流である。つまり，人格には個人差がある。では，この個人差はなぜ存在するのだろうか。この人格の個人差の進化的起源については，現在においても議論が続いている。以下では，人格の個人差の起源に焦点を当てた進化心理学的な観点からの説明を紹介する。

　人格の進化心理学的な分析を説明する前に，自然淘汰がどのような現象かを確認する。自然淘汰とは，世代を経るにつれて，ある集団の中に生存や繁殖に有利な変異が広まっていくことである。原則として，自分が生き残るよりも多くの子を生むことができて，その子たちの間に遺伝的な変異があり，その変異の中には他の変異よりも生存・繁殖上有利なものがある，という仮定が満たされることが重要である。この場合，残るのは遺伝子だけで良いため，個体が生き残るか否かは問題にはならない。個体が生き残ったとしても，その遺伝子を有していなければ，淘汰されたとみなされる。よって，ある遺伝子の頻度が集団内で増えていくことが自然淘汰だといえる。遺伝子を増やす方法は子をもうけることしかないため，一生の間にどれくらい多くの子を残せたかがその環境に適応できたかを示す指標となる。注意しなければならないのは，自然淘汰には目的がないことである。その環境で個体を有利にさせるために進化したのではなく，突然変異などで生まれた遺伝子からなる形質（体の形や行動など）が，「たまたま」有利になり，結果として集団内に広まったのである。その意味で，変異が起こるか否かはランダムである。だが，変異の方向はランダムだとしても，個体の繁殖に有利であれば集団内に広まり，不利なものは消えていくという仕組みは働く。これが自然淘汰である。

　トゥービーら（Tooby et al., 1990）は，人格の個人差はあくまで進化的なノイズであり，ささいなものにすぎないと主張した。すなわち，上記の自然選択とは異なり，人格の個人差というものは，遺伝の変異の大部分がとくに有利でも不利でもなく，偶然の産物にすぎないか，突然変異で生じた遺伝子がたまたま残った結果だという。ただし，この仮説はある条件がなければ成り立ちにくい。それは，集団サイズが十分に小さいことである。集団内のある遺伝子が偶然広がる場合は，集団内に占める割合が 100％か 0％のどちらかになる。しかし，集団サイズが大

きくなるほど，100 と 0 のどちらにもならないことが，数理モデルや進化シミュレーション（コンピュータプログラムで仮想世界を作り，ある遺伝子をもつ個体を何世代も交配させて，その遺伝子の広がり方を調べる方法）によって示されている。以上より，人格の個人差は偶然の産物ではなく，むしろある環境に適応した結果だと考える立場が優勢である。何よりも，人格は，人間の繁殖行動や生き残りに関連するさまざまな心理（健康状態や平均余命など）と関連することからも，人格の個人差があることがむしろ適応的であると考えられる。では，人格の個人差は，具体的にどのような有利さをもたらすのだろうか。

　人格の個人差が適応的であることは，人格を構成する複数の因子（たとえばビッグファイブの 5 因子）が，集団内に同時に存在し続けることができる環境があったということを意味する。このようなある特徴が進化したであろう環境のことを進化適応環境（Environment of Evolutionary Adaptation：EEA）と呼ぶ。EEA を考えることにより，その特徴が遺伝子にどのように有利に働いたかを予測できる。その際，その特徴が個体にもたらす損失と利益のトレードオフ（trade-off：一方を得るために他方を犠牲にする関係のこと）を考えなければならない。もしその環境にその特徴が適応的であれば，ある程度の損失を被っても，それを上まわる利益がもたらされたと考えられる。だが，それぞれの人格（たとえば，外向性や神経症傾向など）が，すべて同じ環境下で適応的になるとは考えにくい。むしろ，時と場所により，自然淘汰のかかり方が異なっていたと考える方が，それぞれの人格がある程度等しく適応的になることを理解できるだろう。すなわち，それぞれの人格が有利になる環境があり，その環境が変動してきたからこそ，人格は複数の因子をもつようになったのである。

　では，それぞれの人格はいかなる環境で有利だったのだろうか。ネトル（Nettle, 2006）は，ビッグファイブの EEA について次のように考察している。高い外向性がもたらす利益は，繁殖の成功に役立つこと，他者と協力的な関係をもつこと，そして新しい環境を探検して見つけ出すこと，である。一方，その損失は，肉体的なリスクが増すこと，安定した恋愛関係がなかなか築けないことである。これらを踏まえると，外向性が有利になるか否かは，リスクが高い環境か安全な環境かで決まることになる。神経症傾向が高いと負の感情（恐怖や悲しみ，不安，罪悪感など）が引き起こされやすく，うつ病などの精神的障害と結びつく可能性が高くなる。しかし，神経症傾向が高いことは急に訪れる危険を察知しやすかったり，来るべき脅威に備えて素早く対応できたりするという利点がある。また，神経症傾向が高いほど競争性も強まるという。そのため，競争を通じて自身をより

良い社会的地位へ導く動機づけにもなるかもしれない。開放性は創造的な活動と関連することから，新しいものを見つけて，異なる分野同士をつなぎ合わせるような認知スタイルこそが利益をもたらす。ただし，このような認知スタイルは統合失調症傾向とよく似ているため，その症状に陥ってしまう可能性がある。そして，誠実性と同調性の利益は明らかであろう。どちらも他者に正の感情（共感や信頼）を抱かせやすいため，繁殖の成功率を上げたり，良好な人間関係を築くことができたりする。ただし，その反面，他者から騙されやすいという損失もある。このように，それぞれの人格をもつことで利益と損失が生まれるが，それぞれの環境下で利益が上まわった結果，5つの因子が存在することができたと考えられる。

Ⅳ　サイコパスの進化

　これまで人格における社会的・進化的要因について説明してきた。これらを踏まえたうえで，最初の問いに戻ろう。なぜサイコパスは存在するのだろうか。この問いに対する進化的な観点からの答えは，サイコパス傾向をもつこと自体の利益がその損失を上まわる，というものである。以下では，進化的観点から，サイコパス傾向の適応を考えるうえで重要な生活史理論と頻度依存選択を紹介する。

1．サイコパスの進化に関する仮説——生活史理論と頻度依存選択

　生活史理論（life-history theory）では，人間の行動や心を，限られた時間と費やすエネルギーとのトレードオフの観点から分析する。個体のエネルギーは限られたものであり，寿命という時間の制限がある。そのため，どの時期のいかなる活動にエネルギーを費やすかが繁殖には重要になってくる。生活史理論で考えられているトレードオフは，①生き残り vs. 繁殖，②養育 vs. 配偶，③子孫の質 vs. 量，④将来の繁殖 vs. 現在の繁殖，の4つである（Kaplan et al., 2005）。たとえば，養育行動に多大な時間と労力を費やすと，新しい異性と配偶関係を作ることは難しくなり，子を多く残せなくなるだろう。生活史理論によれば，各個人は，4つすべてに合わせた「生活史戦略」をもっており，その戦略には「悠長」なものと「性急」なものがあるという。性急な戦略は，早期の性的成熟と繁殖，多産で養育への投資が少ない。一方，発達が遅く，繁殖行動に至るまで時間がかかり，産む子どもの数は少なく，養育に多くの労力を費やすのが，悠長な戦略である。これら戦略の違いは，パーソナリティ特性と密接に関連するという（e.g., Figueredo et al., 2006)。悠長な戦略は，安定した愛着，協力的なコミュニケーション，家族や友人へのサポートや触れ合い，長期の計画をもたらす心理傾向，そして長期にわたる配偶関係への投資と関連するが，性急な戦略は，対照的に，将来的な計画ができず，配偶関係の期間が短く，危険を冒すことを好み，自己統制に欠け，自分勝手な心理傾向をもつ。この理論に立脚した先行研究では，サイコパス傾向の高い人が性急な戦略をとることが示されている（McDonald et al., 2012）。すなわち，サイコパスは将来を考えずに配偶するが，その養育には投資せず，他の配偶者へと移っていくのである。

2．サイコパスにおける頻度依存選択

なぜサイコパス傾向が存在するのだろうか。1つの考え方は，あくまで突然変異的に生まれてくる，という考え方である。突然変異が生まれるスピードが自然選択のかかるスピードとほとんど同じであれば，世代を超えて存在し続けることは可能だろう（平衡選択という考え方）。しかし，この考え方では，安定して人口の一定割合（人口の数％）存在するという事実を説明できない。自然選択は中立や不利な遺伝子は消滅させる方向に働くからである。ただし，北／中央／南アメリカ，ヨーロッパ，アフリカ／中東，東アジアにわたり，サイコパス傾向を測定する尺度（Self-Report Psychopathy scale）の妥当性を検証した結果，尺度の因子構造はどの国でも同じだが，その程度に関しては文化差および性差が見られた（Neumann et al., 2012）。この知見が示唆することは，サイコパス傾向が適応的である環境とそうではない環境が存在することである。このことを踏まえ，近年では，サイコパスの適応には頻度依存選択（Frequency-dependent selection）が働いていると考えられている（e.g., Mealey, 1995）。頻度依存選択とは，希少であること自体がその特性の適応的な価値を高めているということである。たしかに，みんなが社会的捕食者であれば，捕食する対象がいなくなり，その数を保つことは難しいことは容易に想像できる。サイコパスが適応的になる環境は，多くの人が協力的に振る舞っている状況である。そのような場では，少数であれば，サイコパスが採用している，他者を搾取し続けるような社会的に寄生する戦略が活きるのである。サイコパス傾向は連続的であり，きわめて高いサイコパス傾向をもつ個体はおよそ1％程度という主張もある（Glenn et al., 2011）。このわずかな割合が，社会的な捕食を成り立たせているのである。この頻度依存選択説を支える証拠はまだ少ないが，サイコパス傾向が高いと他人の配偶者を不正に奪うことの成功率が高いことを示した研究がある（Jonason et al., 2010）。上記の生活史理論

を踏まえると，サイコパス傾向の高さが繁殖成功を高めていることを示唆する知見だといえる。

　このような進化的な観点からサイコパスを分析する際，注意すべきなのは，サイコパス傾向を規定する遺伝子が発見されていない，ということである。サイコパスの進化というと，サイコパスの遺伝子が継承されているように見える。しかし，サイコパスという形質に影響する遺伝子は特定されていない。そもそも，遺伝子は1つだけではなく，複数の遺伝子がさまざまな交互作用を経て形質に影響するため，複雑なサイコパスという人格をどの遺伝子が規定するのかは特定しがたい（Lalumière et al., 2008）。よって，「サイコパス遺伝子」なるものを仮定すること自体が困難であるといえる。ただし，サイコパス傾向に共通する特性（攻撃性や反社会的行動，共感性のなさなど）は，中程度から高い遺伝率を示している（e.g., Taylor et al., 2003; Viding et al., 2005）。その意味では，サイコパス遺伝子を仮定するよりも，次に紹介する反応性遺伝率の方が妥当かもしれない。

3．サイコパスに影響する環境要因

　これまでの説明を読むと，サイコパスの行動傾向がすべて遺伝によって規定されていると思い込みがちである。しかし，行動遺伝学の10大発見にもあるように，どんな形質も100％が遺伝的であるわけではない（Plomin et al., 2016）。すなわち，サイコパス傾向自体が環境へ柔軟に適応した結果だと捉えることもできる。たとえば，男性よりも女性は悠長な生活史戦略をもつが，環境によっては逆転する場合にもある。また，ある適応上重要な形質に遺伝率が見られても，それは他の形質からの反応性遺伝率（Reactive Heritability：「見かけの遺伝率」とも呼ばれる）として説明される場合がある（Tooby et al., 1990）。たとえば，「攻撃的」であることは体格が大きければ利益をもたらすことができるが，小さい場合には不利になる。よって，攻撃性は，体格の大きさという別の遺伝的な個人差により説明される。この観点に立った仮説の1つが，サイコパス傾向は感情の応答性の欠乏という形質が反映したものだ，というものである。25年間の長期にわたる調査において，28歳でのサイコパス傾向の高さは，3歳時の恐怖を感じない程度と関連することが見出されている（Glenn et al., 2007）。すなわち，本当に遺伝するのは恐怖を感じにくいという形質であり，その形質が罰されるなどのネガティブな結果を考慮させないため，人を騙したり，ルールを破ったり，リスクを冒すなどの行動を導くのである。

　ただし，上記の反応性遺伝率が適用されるのはサイコパスでも一部かもしれな

い。ミレイ（Mealey, 1995）は，サイコパス傾向を 2 つのカテゴリーに分類した。
1 つが，環境の影響を受けず，頻度依存選択によってもたらされたサイコパスで
あり，他人を操作し，食い物にするような社会的な振る舞いをする。このような
サイコパスは，非常に極端であるため，数％しか存在しない。もう 1 つが，むし
ろ環境に適応するサイコパスであり，発達の初期で環境に適応してサイコパス傾
向を発現させるタイプである。環境への反応は遺伝的に個人差があるため，すべ
てが「悪い」振る舞いをするわけではなく，環境への反応によってはむしろ協力
的に振る舞うことさえする。いわば，「成功したサイコパス」がこのカテゴリーに
あてはまるだろう。このような環境に適応するサイコパスは，ストレス耐性とい
う形質による反応性遺伝率であるとの主張もある（Del et al., 2011）。このよう
に，どの反応性遺伝率が適用されるかは，サイコパスのタイプや直面した環境に
よって変化する可能性がある。

　では，サイコパスが適応的な環境とはいかなるものだろうか。1 つが，ある地
域の内外で人の移動が頻繁に起こる，流動性の高い状況であろう。上述したよう
に，サイコパスは性急な生活史戦略をとる。この戦略では，短い期間で多くの子
孫を残す必要があるため，複数の異性と接する必要がある。人の移動が多い状況
では，新しい異性と出会う機会も増えるためサイコパスにとっては有利である。
配偶関係のみならず，サイコパスは協力的な人を搾取する。この場合，協力的な
人たちが集まるところに移動していくことが最も効率的であろう。もし搾取がば
れて協力されなくなっても，他に移動して新たな「獲物」を探せばいいからで
ある。そして，もう 1 つが，集団間葛藤が頻繁に起こるような状況である（e.g.,
Blair et al., 2005; Williamson et al., 1987; Yokota, 2012）。たとえば企業間での競
争が過酷であり，急速な変化に対応しなければならない状況ではサイコパスはそ
の真価を発揮するだろう。高い集中力と人を魅了するカリスマ性で企業をまとめ
るし，冷酷さは合理的な決断（リストラなど）に役立つ。事実，サイコパスの適
職には CEO（最高経営責任者）や軍人が挙がっている。過酷な集団間葛藤状況で
こそ，サイコパスを「英雄」にさせ，子孫を残すことを助けているのかもしれな
い。

■ V　おわりに

　本章では，人格の社会・進化的要因について，サイコパスという人格を例に挙
げて，説明した。上述のように，人格には遺伝と環境の両方が影響し，それらが

時には交互作用的に表れるのである。そのため，人格を捉えるためには，遺伝的な側面と環境的な側面（外的要因）の両方の影響を考慮しなければならない。ただし，それぞれの影響過程や交互作用に関しては未だ十分な証拠があるとはいえない。今後の研究成果を待つことにしよう。

◆学習チェック

□　人格における遺伝と環境の影響を理解した。

□　人格における社会的要因の影響について理解した。

□　人格における進化の仕組みを理解した。

より深めるための推薦図書

　　安藤寿康（2014）遺伝と環境の心理学─人間行動遺伝学入門．培風館．

　　安藤寿康（2017）「心は遺伝する」とどうして言えるのか─ふたご研究のロジックとその先へ．創元社．

　　土屋廣幸（2015）人格はどのようにして決まるのか─遺伝子，環境，エピジェネティックス．新曜社．

文　　献

Blair, R. J. R., Mitchell, D. G. V. & Blair, K.(2005)*The Psychopath: Emotion and the Brain*. Blackwell.

Bouchard, T. J. & Loehlin, J. C.（2001）Genes, evolution, and personality. *Behavior Genetics*, **31**; 243-273.

Del Giudice, M., Ellis, B. J. & Shirtcliff, E. A.（2011）The adaptive calibration model of stress responsivity. *Neuroscience & Biobehavioral Reviews*, **35**; 1562-1592.

Figueredo, A. J., Vásquez, G., Brumbach, B. H. et al.（2006）Consilience and life history theory: From genes to brain to reproductive strategy. *Developmental Review*, **26**; 243-275.

Glenn, A. L., Kurzban, R. & Raine, A.(2011)Evolutionary theory and psychopathy. *Aggression and Violent Behavior*, **16**; 371-380.

Glenn, A. L., Raine, A., Venables, P. H. et al.(2007)Early temperamental and psychophysiological precursors of adult psychopathic personality. *Journal of Abnormal Psychology*, **116**; 508-518.

Hall, J. R. & Benning, S. D.（2006）The "successful" psychopath: Adaptive and subclinical manifestations of psychopathy in the general population. In: C. J. Patrick (Ed.): *Handbook of Psychopathy*. Guilford, pp. 459-478.

Jonason, P. K., Li, N. P. & Buss, D. M.(2010)The costs and benefits of the Dark Triad: Implications for mate poaching and mate retention tactics. *Personality and Individual Differences*, **48**, 373-378.

Kaplan, H. S. & Gangestad, S. W.（2005）Life history theory and evolutionary psychology. In: D. M. Buss (Ed.): *The Handbook of Evolutionary Psychology*, Wiley, pp. 68-95.

Lalumière, M. L., Mishra, S. & Harris, G. T.（2008）In cold blood: The evolution of psychopathy. In: J. D. Duntley & T. K. Shackelford (Eds.): *Evolutionary Forensic Psychology: Darwinian Foundations of Crime and Law*. Oxford University Press, pp. 139-159.

McDonald, M. M., Donnellan, M. B. & Navarrete, C. D.（2012）A life history approach to understanding the Dark Triad. *Personality and Individual Differences*, 52; 601-605.

Mealey, L.（1995）The sociobiology of sociopathy: An integrated evolutionary model. *Behavioral and Brain Sciences*, 18; 523-541.

Nettle, D.（2006）The evolution of personality variation in humans and other animals. *American Psychologist*, 61; 622.

Neumann, C. S., Schmitt, D. S., Carter, R. et al.（2012）Psychopathic traits in females and males across the globe. *Behavioral Sciences & the Law*, 30; 557-574.

Plomin, R., DeFries, J. C., Knopik, V. S. et al.（2016）Top 10 replicated findings from behavioral genetics. *Perspectives on Psychological Science*, 11; 3-23.

Shikishima, C., Ando, J., Ono, Y. et al.（2006）Registry of adolescent and young adult twins in the Tokyo area. *Twin Research and Human Genetics*, 9; 811-816.

杉浦義典（2015）他人を傷つけても平気な人たち―サイコパシーは，あなたのすぐ近くにいる．河出書房新社．

Taylor, J., Loney, B. R., Bobadilla, L. et al.（2003）Genetic and environmental influences on psychopathy trait dimensions in a community sample of male twins. *Journal of Abnormal Child Psychology*, 31; 633-645.

Tooby, J. & Cosmides, L.（1990）On the universality of human nature and the uniqueness of the individual: The role of genetics and adaptation. *Journal of Personality*, 58; 17-67.

Williamson, S., Hare, R. D. & Wong, S.（1987）Violence. Criminal psychopaths and their victims. *Canadian Journal of Behavioral Science*, 19; 454-462.

Viding, E., Blair, R. J. R., Moffitt, T. E. et al.（2005）Evidence for substantial genetic risk for psychopathy in 7-year-olds. *Journal of Child Psychology and Psychiatry*, 46; 592-597.

Vukasović, T. & Bratko, D.（2015）Heritability of personality: A meta-analysis of behavior genetic studies. *Psychological Bulletin*, 141; 769-785.

Yamagata, S., Nakamuro, M. & Inui, T.（2013）Inequality of Opportunity in Japan: A behavioral genetic approach. RIETI Discussion Paper Series 13-E-097.

Yokota, K.（2012）The validity of a three-factor model in PPI-R and social dominance orientation in Japanese sample. *Personality and Individual Differences*, 53; 907-911.

第4部

人格の類型，特性等

特性論

山口陽弘

🔑 *Keywords*　特性，類型，気質，ビッグファイブ，NEO-AC，HEXACO，人か状況か論争，横断的・縦断的研究，相乗的相互作用，モジュール

■ I　特性論とは何か

1. 類型論と特性論との対比

　本章は特性（trait）論についての基本的概説と最新の知見，そして筆者の見解を述べることが目的である。特性論は類型（type）論と対比的に論じられる概念であり，類型論については第11章で解説されるので，ここで詳細は避けるが，説明の必要上対比的に触れながら特性論を説明する。

　類型論で古典的に有名なのがクレッチマー Kretschmer, E. の3類型である。循環（躁うつ）気質，分裂（統合失調）気質，粘着気質の3つの性格類型を想定しており，そのいずれかに特定の個人を分類するものである（以下，性格という言葉を，類型，特性，気質などよりも上位の概念として用いる。人格という言葉を使用しないのは，そこに価値的なニュアンスが含まれるからで，本章ではパーソナリティ＝人格＝性格として広義の意味で用いる）。

　特性論で最も有名なのは，ビッグファイブ（Big Five）という5次元の特性である（表1）。特性論では，この5つの次元がすべての人に備わっていることを前提とする。したがって特定個人は，ある特定次元（外向性）が高く，別の人は（開放性）が高いというように，共通する特性の量的な大小でプロフィール化して性格を解釈する。したがって，一般的には類型論は特定の1つの類型に人が分類されるため，全体的，統一的，有機的な性格把握となるのに対して，特性論は分析的，万人向け，計量的であるとされる。

　科学的・心理学的に，血液型性格診断は認められていないが，あえていえばこれは「類型論」的な考え方である。血液型は特定個人がA型兼B型というように

表1　ビッグファイブの5次元（村上ら，1999; 丹野，2003などをもとに筆者が作成）

Ⅰ. 外向性（Extroversion）－内向性：向性次元	外界に積極的に働きかけるか否か。cf., ユング Jung, C. G. の内向・外向。
Ⅱ. 愛着性－分離性：協調性，調和性（Agreeableness）次元	周囲の人に同調しやすいか自主独立か。
Ⅲ. 統制性－自然性：勤勉性，良心性（Conscientiousness），誠実性次元	物事をやり抜こうとするか否か。日本語訳としては，勤勉性がやや優位か。
Ⅳ. 情動性－非情動性：情緒安定性，神経症傾向（Neuroticism）次元	危機的状況に反応しやすいか否か。
Ⅴ. 遊戯性－現実性：経験への開放性（Openness），知性次元	イメージや思考が豊かか否か。知性と大きく関わっているといわれている。

注）　頭文字をとって NEO-AC（新しい形容詞チェックリスト）と略称されることもある。

　重複することがなく，類型数も4つなのでわかりやすい。同じく，誕生日，星座占いなども特定のある1つの「類型」に分類されるので，相対的にわかりやすい。もちろん，それらはすべて科学的には実証されていない。

　日本では血液型性格診断が日常的・通俗的には蔓延しているが，類型論のわかりやすさが背景にあるのだろう。また，測定の信頼性（安定性）という点で，A型の人が生涯A型であり続ける扱いやすさや，質的（名義尺度）分類であることも，一般の人には親しみやすい一因となっているのだろう。

　それに対して，特性論はどうしてもその特性数が多くなる。ビッグファイブが最も有名な特性論で，かつ少ない方だが，それでも5つある。しかもその特性をすべての人がもっていることを前提とするので，5次元を高低の大雑把に二分類するとしても，2^5（＝32）と分類数が幾何級数的に多くなり，わかりにくい。そもそも高低に二分類するという発想はまったく特性論的ではない。各次元ごとに量的（間隔尺度）にもっと細かく捉えるのが特性論の本質であり，たとえば誠実か否かという二分類を特性論ではしない。誠実性の連続性を前提としているため，ますます直感的にはわかりにくいことになる。

2．ビッグファイブ以外の特性論

　それ以上に大きな問題は，ビッグファイブ以外に数多くの特性が提案されており，心理テストの数だけ，まったく異なる特性が存在していることである。アドホック的に数え切れぬほどの多くの特性が，毎年日本だけでも数百，数千単位で卒論などで製造され続けており，もっと整理されるべきであると筆者は強く考え

ている（山口，2011）。

　その中で相対的には信頼性と妥当性が吟味されているものが，日本では堀
（2001-2011）により『心理測定尺度集Ⅰ〜Ⅵ』としてまとめられており，インタ
ーネット上でもこれが北海道大学の伊藤崇により整理されたものが，ウェブサイ
ト[注1]で検索できる（2020 年現在）。これらのすべてが厳密な意味での特性論に
基づいたものといえないし，その妥当性に関しては筆者から見ても疑問をもつも
のも多いが，特性論に基づく心理テストの日本語での具体例を知りたければ，こ
れらの文献等を参照することがまず第一歩である。以上が古典的な特性論と類型
論の対比的概説である。

　しかし，ビッグファイブに基づく特性論は，最初期の特性論とは異なったもの
に刷新されていることに注意しなければならない。またビッグファイブに関して
も，これが性格特性研究の決定版であると楽観的に論じている論者もいるが（村
上ら，1999），筆者はそう考えていない。無論，ビッグファイブは現在の特性論
の代表であり，1 つの暫定的解答であり，特性論におけるミニパラダイムとなっ
ているとはいえる。

Ⅱ　特性論の古典的定義

1．オールポートによる「特性」定義

　特性論に関して，そして性格研究に関して，近代に金字塔的な役割を果たした
のはオールポート Allport, G. W. である。彼は 1937 年に『パーソナリティ』とい
う古典的名著を著した。この本は，彼の該博な教養と，心理学のあらゆる立場へ
の折衷主義的な視点に基づいて記されており，それ以前の性格研究を総結集した
百科事典である。この本で「特性」概念が徹底的に議論されたうえで，以下のよ
うに定義されている。「特性というのは一般化され，そして焦点をもつ（個人に特
有の）精神神経的な体系であり，多くの刺激を機能的に等価たらしめ，適応的，
表出的行動に一貫した（等価な）形態をもたらし行わせる能力をもつものである」
（Allport, 1937）。

　「近代的な性格特性論」としては，この定義がマイルストーンである。この定義
が生理学レベルでの脳科学的視点，工学レベルでの計算論的視点，臨床や教育，
発達などのレベルでの質的心理学的視点などにより，再検討されているのだが，
まだぎりぎりの地点で土俵を割っておらず，決定的に新しい定義はいまだ現れて

注 1）　http://finnegans-tavern.com/labld/toolbox/allscales/（2020 年 3 月 11 日閲覧）

いないというのが筆者の見解である。

　オールポートは後に性格を定義して，「人の行動を時を超えて一貫させ，比較可能な事態で他の人と異なる行動をとらせる多かれ少なかれ安定した内的要因」（Allport, 1961）と述べているが，特性を含む全体集合としてこの性格の定義も検討すると，これらに共通して重要なのはその「一貫性」という概念である。

2．「人か状況か」論争──状況主義による洗礼

　この「一貫性」概念をめぐって，ミッシェル Mischel, W. による「人か状況か」論争が，性格心理学において 1960 年代以降なされてきた（Mischel, 1968）。ミッシェルは「人間行動には通状況的一貫性がなく，さまざまな状況で状況に応じた行動をしている」という主張をした。状況次第でいくらでもその「一貫性」は乏しくなり，極端にいえば「性格」は存在しないというのである。

　このように性格概念に関しては，状況主義的視点でいったん検討されることが必須となっているが，オールポートによる特性論，性格論の定義では状況主義者を十分納得させられないと筆者は考える。逆にオールポートによる定義が，状況主義者をも納得させるものならば，今度はオールポートの特性の定義が，検証可能なレベルでは何も言っていないともいえる。これは，オールポートは徹底的な折衷主義者で，あらゆる性格理論の立場を併呑しているため，定義における「一貫性」概念を中心とする包括的，折衷主義的な曖昧さを有するためである。近代特性論，そして特性論そのものには，こうした問題が内包されているといえるだろう。

　筆者もオールポートの定義では不十分であると感じている。何がオールポートに足りないのかを考えねばならない。それは特性論の暫定的解答でもあるビッグファイブの何が新しく，いまだに何が足りないのかを考えることにつながる。この視点で「ネオ特性論」の現在と今後を述べていく。

Ⅲ　ビッグファイブ（ネオ特性論）に至るまでの歴史的経緯

1．ビッグファイブの歴史

　ビッグファイブに特性論が収斂，進化するまでの歴史的経緯は村上ら（1999）などがくわしい。最小限ここでも概説すると，上に述べたオールポートとオドバート Odbert, H. S. が 1936 年にウエブスターの辞典 4 万語の中から約 1 万 8,000 語を抽出・四分類し，性格特性語とされる 4,504 語を抽出したのが，性格特性語

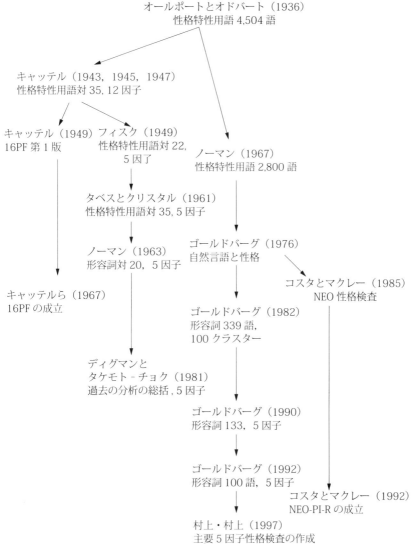

図1　ビッグファイブへの流れ（村上ら 1999 より作成）

研究の嚆矢である（もう少し遡ると，ゴールトン Galton, F. が 1874 年に約 1,000 語の性格特性語をシソーラスを使って抽出している）。この性格特性語に対して，多くの心理学者が長年にわたり検討した結果が，ビッグファイブである。有名な研究者だけを列挙するにしても，キャッテル Cattell, R. B.（16PF が歴史的に有名。16 の因子を抽出），フィスク Fiske, D. W.，ノーマン Norman, W. T.，ゴールドバ

ーグ Goldberg, L. R.，マクレー McCrae, R. R. とコスタ Costa, P. T. の研究などによって因子分析が継続的に繰り返し実施された結果，1990 年代にほぼ 5 因子であるとまとまった。それからさらにほぼ 30 年を経て，ビッグファイブは性格心理学における「常識」にほぼなっている（図 1）。

2．ビッグファイブが「ネオ特性論」である理由

　では，ビッグファイブの何が新しく，ビッグファイブが「ネオ特性論」といわれるのはなぜだろう。丹野（2003）は，たとえば内向－外向（向性）次元などはユングの類型論と，愛着性－分離性（協調性）次元はクレッチマーの類型論と結びつけて，ビッグファイブの各次元を類型論と統合的に論じている。サトウ（2005）も同様に，ビッグファイブは類型論と特性論とを統合したものであるとしている。つまり，ビッグファイブは歴史的には特性論に分類される考え方であるが，古典的な特性論にそのまま位置づけられるものではなく，古典的な類型論と特性論とを統合した「ネオ特性論」なのである。

　こうした統合の考え方には，アイゼンク Eysenck, H. J.（モーズレイ人格目録 MPI が有名。MPI は 2 次元だが，アイゼンク自身は 3 因子を提案）による因子論的類型論が大きく関与していた。つまりアイゼンクは，特性論と類型論を階層的に位置づけて，両者を対立するものとは見なさず，階層的に高次か低次であるかという考え方で両者を統合した（ただし，アイゼンクは特性語の因子分析研究をしなかったので，ビッグファイブには直接的には関与しなかった）。この考え方に基づいたうえで，膨大なデータや調査研究が歴史的に積み重ねられたこと，それらを解析する因子分析などの計算手段のソフトとハード面の発展が 1990 年代に飛躍的だったことがあり，複数の研究をメタ分析することができるようになり，それらを最大公約数的にまとめたものがビッグファイブであったと筆者は考えている。

　また，状況主義的な議論も，それは社会心理学で独立変数を積極的に操作・介入する，実験的手法によってそもそも解決されるべきものであり，ビッグファイブに通状況的な一貫性を求めるのは，木によりて魚を求めるようなものである。そもそも性格研究は，個人を固定的に測定することを目標にする（測定主義）ことではなく，人間理解のために豊かなリアリティを追求することを目標とすべきである。現代においては状況主義は社会心理学に，相互作用論的な見解は発達心理学に，ナラティブ研究は自己心理学に吸収されていったとするサトウ（2005）の見解には筆者も同感であるし，そもそもビッグファイブで性格研究の何もかも

が，解決できるわけがない。

■ IV　ビッグファイブの問題点

　では，ビッグファイブには問題点がないのか。これが特性論（類型論）の最終的な解答であるのだろうか。もちろん問題は山積しており，これらは特性論がいまだに抱える問題点でもある。ビッグファイブが真に「ネオ特性論」に生まれ変わる際には，これらの諸問題を１つずつ検討する必要がある。

1．ビッグファイブ以外の次元（特性）をどう説明するのか？

　よくある批判は，ビッグファイブが人間の性格のすべてを説明しないというものである。上述の『心理測定尺度集』などに掲載されている多くの心理テストは，ビッグファイブでは説明不能な特性が列挙されている。たとえば狂信性，マキャベリ主義，保守性，男らしさ・女らしさ，リスク・テイキングなどの領域が，ビッグファイブでは無視されていると批判する心理学者は数多く存在する。そもそもビッグファイブでは不十分であると考えているので，彼らはそれらの特性研究をしているのである。

　しかし，この点に関しては，ビッグファイブが階層として高次で，最大公約数的なものであり，それよりは細かい次元にそれらの心理学者たちは関心を寄せているという説明がつくだろう。むしろ多すぎる特性に関しては整理すべきである点は，すでに述べたとおりである。

2．文脈依存的な，深い（細かい）レベルの特性はどう考えるか？

　あまりよく知らぬ人（stranger）を観察して簡単にわかる特性に，ビッグファイブは限定されていると，マクアダムス（McAdams, 1995）は批判している。それゆえ彼は，ビッグファイブを「見知らぬ人の心理」と呼んでおり，より個人的で，より文脈依存的である性格の他の面は，ビッグファイブには存在しないと批判する。しかし，この点に関しても，実験社会心理学研究として解決されるべきものであろうし，１項と同様に階層性の問題であるといえる。

3．各次元の独立性のなさ，因子分析手法の抱える根本的問題は？

　ビッグファイブは，次元間に相関があり，独立ではなく直交性が認められない。そもそも因子分析は，因子数が異なった場合，それを解決するための決定的方法

が存在しない。5因子という解は，分析者の何段階もの主観的な解釈に大きく依存している。因子の「正確な」数については古くはアイゼンクの3，キャッテルの16までの間で，いまだに論争がないわけではない。また因子分析は，個人差を組み入れた，フィードバック的モデル，非線形モデルなどは含まれていないという批判（e.g., Block, 2010）がある。

　これらに関しては，最近の行動遺伝学なども組み入れた，共分散構造分析モデルを取り入れることによって，少しずつ解決されているように筆者は考える。また，厳密に5個であるべきとは筆者もまったく考えていないし，場面によってその数が変動する可能性はすでに述べたとおりで，根本的批判ではないだろう。

4．理論性の乏しさは？

　ビッグファイブが何の理論にも基づかないし，特性記述語が因子分析でまとまることは，たんに経験的な発見にすぎないと批判されてきた。5因子が存在する根本原因がわからないというのである。2010年にブロックBlock, J. の最後の著作が彼の死の直前に発表され，5因子モデルについての理論的でない問題点を以下の5点にまとめている。①「曇った，曖昧な」測定であること。②幼年期を研究するための発達的なモデルが不適当であること。③性格を概念化するために因子分析に頼りすぎていること。④5因子について相変わらず決定的な命名，共通理解がなされないこと。⑤5因子以外の特性である，まだ認められていないが，成功した成果が存在すること。その上で，ブロックは，ビッグファイブより階層的に高次の，繰り返し観察される因子こそ，本物のスーパー因子であり，それこそがより深層の生物学的起源に基づくものかもしれないと述べた（Block, 2010）。

　以上の議論のいずれに対しても，これまで述べてきた反論が成り立つが，とくに発達的な視点や，気質に基づく高次の次元に関しての提言は重要であるので，以下で繰り返し触れることにする。

5．力動的，相乗的相互作用，発達的視点の乏しさは？

　ビッグファイブを代表とする特性論の最大の問題は，その視点が固定的・静的であり，発達的視点や力動的視点が乏しい点である。たとえば幼少期から成人期にかけての発達的視点や，成人期以降の老年期への成熟に関わる発達的視点が乏しい。協調性次元が10代で測定して低かったとしても，その後の人生で学校生活や就職して社会経験を積み，同僚，先輩たちから指摘を受け，自身の協調性のなさを反省し，意識的に協調性を身につけていくことなどは，十分想定されること

である。このように，発達・成長過程で，社会的におおよそ望ましい方向に，性格は変容していくことが「成熟の原則」として知られている（高橋, 2016）。あるいは逆に，協調的特性をもつ人が協調的な人を友達に選択し，その環境の中でより協調的になっていくという，まさに相乗的相互作用（transactional interaction：遺伝が環境を作り変え，その環境が遺伝をさらに強化する）が，たんに加算的ではない，重要な相互作用的視点として，発達研究では強く求められている。こうした視点がたしかにビッグファイブには乏しい。しかし，それこそ発達心理学や行動遺伝学もビッグファイブに含めたうえで力動的視点で解かれるべき問題であり，それはすでに開始されている（e.g., 高橋ら，2011）。

　暫定的なまとめをすれば，ビッグファイブを代表とするネオ特性論は，個人内と個人間とに分けて考えるべきであって，たしかに個人内ではミッシェルの主張するように通状況的一貫性は乏しいかもしれない。しかし，個人間の差異に着目した上での一貫性に関しては，それなりの説明力があるといえる。ミッシェルは質問紙による測定結果と行動評定の相関係数が絶対値で 0.3 程度しかないことをもって，予測力が乏しいと主張した。しかし，疫学的研究の文脈では 0.3 どころか，0.1 程度の絶対値の相関であってもそれなりの予測・説明率があるといえる。いささか同語反復的議論であるが，特性には一定の予測的妥当性は存在するといえるだろうし，十分な予測的妥当性がある特性のみに整理されていくべきである。メタ分析で然るべき検討をされたうえで 0.3 の相関があれば，たしかに 0.3 の自乗＝ 0.09 で，1 割に満たない予測率かもしれないし，スタティックな予想である限界はあるが，十分に意味ある予測であるとはいえる。そして，それ以外の 9 割の予測率こそ，まさに状況的視点や発達的視点を積極的に取り入れることで説明していくべきことなのである。

■ V　ビッグファイブ以降のネオ特性論研究

1．第 6 の因子（H 因子）について

　ビッグファイブにさらに付加されるべき，第 6 の因子である H 因子が提唱されつつある。これは Honesty-Humility（H），Emotionality（E），eXtraversion（X），Agreeableness（A），Conscientiousness（C），Openness to experience（O），略称 HEXACO という 6 次元のモデルであり，これが 2000 年代になって着目されている（Lee et al., 2012）。新しい次元が Honesty-Humility（H）（正直 − 謙遜性）であり，権力，社会階層，金銭，性などにおける社会的成功（失敗）の予測におい

て，この次元があることで，ビッグファイブよりも予測力が増大するとされている。この心理尺度（Lee et al., 2004）はすでに邦訳もされており（Wakabayashi, 2014），その予測力の実証研究もあり注目に値する。

2. 気質研究との連続，統合に向けて

性格研究において，質問紙研究などでは特に成人では反応の歪曲が拭えない。しかし，乳幼児は嘘をつかないし，観察が研究手段であり，少なくとも反応歪曲はない。人か状況かという問題に対する強烈な1つの反証として，乳児の性格研究が古くから存在する。これが「生まれてすぐに現れ，ある程度の期間持続する行動の個人差」であり，「気質」研究である（菅原，1996）。この古典的研究がトーマスら（Thomas et al., 1980）であった。これは1950年代から始まる膨大な縦断的調査に基づいてなされている。当時は子どもの性格や行動は，生後の環境で決定されるという行動主義的な考え方が優勢だった。しかし，トーマスらは臨床経験から，親の養育態度だけでは説明のつかない，生まれつきの気質が存在することを認めざるをえなくなり，最初は9つの気質のカテゴリーを提案した。それをさらに3つの典型（育てやすい子，ウォームアップの遅い子，難しい子）に分け，気質の特徴，望ましい関わり方，まずい関わり方などを研究していった。彼らは，ミッシェルの特性批判も十分視野に入れたうえで，相乗的相互作用を発達研究の枠組みで捉え直し，縦断的研究という手法で解決しようとしたのであり，この視点はいまに至るまできわめて重要である。つまり，自己評定の特性のみを用いて妥当性を検証するという手法は，半世紀以上前から批判されていることであり，他者評定などの複数の評定・方法（多特性・多方法；MTMM：Multitrait-Mutimethod）は性格研究に必須の視点なのである。

こうした観察研究だけではなく，行動遺伝学の視点によって，バスら（Buss et al., 1984）は気質を「情緒性」「活動性」「社会性」の3次元に集約できるとして，そのための尺度も作成している。それ以降の気質研究ではクロニンジャーCloninger, C. R. やグレイ Gray, J. A. のモデルなども有名であり，高橋による一連の研究（高橋ら，2005, 2007 など）が，気質と特性，および社会行動的な各種指標との関係を明らかにしようとしている点が注目される。

こうした発達的研究に関しては，たしかに質的研究が有効な場合もあるだろう。サトウ（2009）による TEM（複線径路・等至性モデリング）などがその一例である。等至点，分岐点という構成概念は非常に興味深い。しかし，遺伝と環境との本格的な意味での力動的，相乗的相互作用的モデルを，TEM ですべて包括的に

記述できているかといわれると，筆者には疑問も残る。特性に関する定義の曖昧さが，等至点・分岐点というアプローチ法で，劇的に改善されているとは筆者には思えない。この有効性については，今後のこうした質的研究がどれほどのリアリティを獲得したかに委ねられるだろう。

3．ヘックマン研究との関係

　2 項で述べた，遺伝と環境の相乗的相互作用を捉えるため，とくに行動経済学，教育経済学などの領域で，ヘックマン（Heckman, 2013）らの主張する非認知能力（誠実性，勤勉性など）の育成の重要性が強調されている（H 因子もその 1 つとして提案されているといえる）。これが現在，通俗的な意味でも，多領域でおおいに浸透しており，教育学，心理学を席巻している。

　ヘックマンは，知能よりも性格のある部分（ビッグファイブの誠実性，あるいは H 因子など）が社会的成功を予測し，知能が遺伝的規定性が高いのに比して，勤勉性の特性などは環境（教育）による可塑性が高いこと，それを幼児期までに教育して身につけさせることが，教育コストの点でも効率的であることなどを述べている。その大筋には筆者も同感であるが，教育心理学者の視点から述べると，非認知能力という性格特性の構成概念の規定の仕方が，プラグマティックにすぎており，曖昧なようである。微視的な脳科学的，生理学的視点からもその検討が不十分であるとともに，巨視的な教育学的視点から見て，どういう介入が有効であるかについても，不十分であると考えている。また，真に発達的な意味での相乗的相互作用について深いレベルで検討しているともいいがたい。IQ ではなく EQ，EQ ではなく非認知能力（自己制御性など）という，単にあれかこれかという発想になっている点も気になる。ヘックマンらの主張する非認知能力の明確化（教育法も含めて）こそ，性格心理学者や教育学者が積極的に建設的提案をし，関与していくことが今後は必要だろう。

4．モジュール形式と進化心理学

　フォダー（Fodor, 1983）が『精神のモジュール形式』で主張するモジュールという概念も，特性という構成概念を整理する上では有効であろう。その際，脳科学，計算論的，進化心理学的視点が必要になってくる。脳科学的視点に関しては BIS/BAS などの抑制／賦活系と特性とを結びつける研究例がある（高橋ら，2007）。近年着目されているのが進化心理学のコスミデス Cosmides, L. らの研究である。彼らはモジュールが自然選択の淘汰圧によって進化した精神活動の単位

表 2　遺伝学，脳科学，進化心理学の観点を踏まえたビッグファイブの要約（Nettle, 2007）

次元	コアメカニズム	利益	コスト
外向性 (Extraversion)	報酬への反応（中脳ドーパミン報酬システム）	報酬を求め手に入れることの増強	肉体的な危険，家族の安定欠如
神経症傾向 (Neuroticism)	脅威への反応（扁桃体および大脳辺縁系,セロトニン）	警戒，努力	不安，うつ
誠実性 (Conscientiousness)	反応抑制（背外側前頭前皮質）	プランニング，自己抑制	融通のなさ，自発的反応の欠如
調和性 (Agreeableness)	他者への配慮（心の理論,共感要素）	調和的社会関係	ステータスを失う
開放性 (Openness)	心の連想の広がり	芸術的感受性，拡散的思考	異常な信念，精神病傾向

　であるとする。この視点では，現代的な行動の多くは人類の進化の初期に生まれたものであるという。これがさらにネトル（Nettle, 2007）などによって，遺伝学，脳科学，進化心理学の観点も踏まえてビッグファイブなどの特性論と結びつけて論じられつつある（表2）。

　もちろんフォダーの主張には反論もあり，領域一般的な脳構造説も現在まだ残存している。この説によれば精神的な働きは脳全体に分布しており，独立した部分に分解することはできないとしている。こうした脳科学に基づく議論も特性研究において重要な検討課題であるが，モジュール説がネオ特性論の礎になることは確認しておく。

■ VI　今後の特性論，そして性格特性心理学研究はどうなるか

　横断的調査に基づく静的な特性間の自己評価の相関研究は，大学の卒論として認められたとしても，新知見をもたらす学術的研究とは，もはやいえないと筆者は考えている。質問紙を1回とっただけで因子分析等を行い，その中での独立変数，従属変数を仮定した性格特性研究は，性格研究を少し理解し修めたという意味での卒論以上の価値はやがてなくなるだろう。国際的な学術誌に掲載される新知見をもたらす論文では，そこに実験的な操作が伴ったり，特性の測定手段として脳科学等の研究によるアドバンスが必要になってくる。のみならず，たとえば質的研究との火花を散らすようなリアリティの高さをかけての議論が必要だろうし，現時点でもそのせめぎ合いがなされている。

筆者自身，自分の人生を振り返ると，いくつか決定的な分岐点があったと思えなくもない。しかし，同時に振り返りしだいでは，分岐点などなく，同じことを繰り返してきたような思いももつ。これはたんに筆者が TEM などの質的研究に通暁していないからかもしれぬが，こうした質的記述研究にリアリティがあるのか，ネオ特性論（ただし，それはけっしてビッグファイブ特性そのままではない）の方がリアリティがあるのかは，筆者にはまだ判別がつかない。

　しかし，おそらく，その両者ともに必要なのが縦断的研究，およびその際の予測的妥当性，さらに相乗的相互作用，複数の評定・測定手段という視点である。実際に気質をもとにして，縦断的研究を行いつつ，成人（老人）の性格特性に結びつけようとする研究は行われつつある（高橋の一連の研究や，ネトルのものなど）。ビッグファイブが脳科学，行動遺伝学によってさらに一定の整理がなされ，性格を多層構造として眺めることを前提とすると，（ネオ）ビッグファイブ特性は，人間の行動を予測するための最も高次の安定的な階層の構成概念であるというのはほぼ妥当であろう。ただし，その下位の具体的な行動パターンという階層，さらにその下位の，行動パターンを主観的に評価するライフヒストリーという階層の，多層構造で性格を捉え直す必要がある（Nettle, 2007）。ネトルが述べるように，外向性が高くとも，ある者はスカイダイビング，またある者は北極探検にと，異なる行動パターンへと環境により分岐するのが普通である。さらにそれをどのように主観的に評価するか（それを肯定的に捉えるか否か）は，最終的には当人次第である。こうした発想こそまさに未来のネオ特性論の発想であり，特性論はすでに刷新されつつあるのだといえる。

◆学習チェック
□　特性論の長所と短所とを，類型論や状況主義と対比させて理解した。
□　ビッグファイブの長所と短所とを歴史的経緯を踏まえて理解した。
□　ネオ特性論とは，何が「新しい」のかを理解した。
□　未来の特性論はどのように発展していくべきかを理解した。

より深めるための推薦図書
　オールポート Allport, G. W., 詫摩武俊・青木孝悦・近藤由紀子ら訳（1982）パーソナリティ―心理学的解釈. 新曜社.
　ミッシェル Mischel, W., 詫摩武俊監訳（1992）パーソナリティの理論―状況主義的アプローチ. 誠信書房.
　戸田まり・サトウタツヤ・伊藤美奈子（2005）グラフィック性格心理学. サイエンス社.

ネトル Nettle, D.，竹内和世訳（2009）パーソナリティを科学する―特性 5 因子であなたがわかる．白揚社．

高橋雄介（2016）パーソナリティ特性研究をはじめとする個人差研究の動向と今後の展望・課題．教育心理学年報，55; 38-56.

文　　献

Allport, G. W.（1937）*Personality: A Psychological Interpretations*, Henry Holt and Company.（詫摩武俊・青木孝悦・近藤由紀子ら訳（1982）パーソナリティ―心理学的解釈．新曜社．）

Allport, G. W.（1961）*Pattern and Growth in Personality*. Holt, Reinhart & Winston.（今田恵監訳（1968）人格心理学．誠信書房．）

Block, J.（2010）The five-factor framing of personality and beyond: Some ruminations. *Psychological Inquiry*, 21(1); 2-25.

Buss, A. H. & Plomin, R.（1984）*Temperament: Early Developing Personality Traits*. Erlbaum.

Fodor, J. A.（1983）*Modularity of Mind: An Essay on Faculty Psychology*. MIT Press（伊藤笏康・信原幸弘訳（1985）精神のモジュール形式―人工知能と心の哲学．産業図書．）

Heckman, J. J.（2013）*Giving Kids a Fair Chance: A Strategy that Works*（Boston Review Books）. MIT Press.（古草秀子訳（2015）幼児教育の経済学．東洋経済新報社．）

堀洋道監修（2001-2011）心理測定尺度集 I ～Ⅵ．サイエンス社．

Lee, K. & Ashton, M. C.（2004）Psychometric properties of the HEXACO personality inventory. *Multivariate Behavioral Research*, 39; 329-358.

Lee, K. & Ashton, M. C.（2012）*The H Factor of Personality*. Wilfrid Laurier University Press.

McAdams, D. P.（1995）What do we know when we know a person? *Journal of Personality*, 63; 365-396.

Mischel, W.（1968）*Personality and Assessment*. Wiley.（詫摩武俊監訳（1992）パーソナリティの理論―状況主義的アプローチ．誠信書房．）

村上宣寛・村上千恵子（1999）性格は 5 次元だった―性格心理学入門．培風館．

Nettle, D.（2007）*Personality: What Makes You the Way You are*. Oxford University Press.（竹内和世訳（2009）パーソナリティを科学する―特性 5 因子であなたがわかる．白揚社．）

サトウタツヤ編著（2009）TEM ではじめる質的研究―時間とプロセスを扱う研究をめざして．誠信書房．

サトウタツヤ（2005）性格心理学の新潮流―性格の可変性．In：戸田まり・サトウタツヤ・伊藤美奈子：グラフィック性格心理学．サイエンス社，pp. 272-300.

菅原ますみ（1996）気質．In：青柳肇・杉山憲司編：パーソナリティ形成の心理学．福村出版，pp. 22-34.）

高橋雄介（2016）パーソナリティ特性研究をはじめとする個人差研究の動向と今後の展望・課題．教育心理学年報，55; 38-56.

高橋雄介・山形伸二・袴田優子ら（2005）Cloninger の気質・性格次元に対するネガティブ・ライフイベントの影響．パーソナリティ研究，13; 267-268.

高橋雄介・山形伸二・星野崇宏（2011）パーソナリティ特性研究の新展開と経済学・疫学など他領域への貢献の可能性．心理学研究，82; 63-76.

高橋雄介・山形伸二・木島伸彦ら（2007）Gray の気質モデル―BIS/BAS 尺度日本語版の作成と双生児法による行動遺伝学的検討．パーソナリティ研究，15; 276-289.

丹野義彦（2003）性格の心理―ビッグファイブと臨床からみたパーソナリティ．サイエンス社．

Thomas, A. & Chess, S.（1980）*The Dynamics of Psychological Development*. Brunner/Mazek,

Publishers.（林雅次監訳（1981）子供の気質と心理的発達. 星和書店.）

Wakabayashi, A.（2014）A sixth personality domain that is independent of the Big Five domains: The psychometric properties of the HEXACO Personality Inventory in a Japanese sample. *Japanese Psychological Research*, 56; 211-223.

山口陽弘（2011）心理尺度に着目したこの一年の概観—パーソナリティ研究とは「心理尺度づくり」なのだろうか？ 教育心理学年報, 50; 97-107.

第11章

類型論

竹林由武

Keywords　類型論，ヒポクラテス，四体液説，ガレノス，四気質説，クレッチマー，体格と性格，ユングの外向型−内向型，血液型性格理論

┃Ⅰ　類型論とは

　類型論（typology or type theory）とは，人間をいくつかの種類に分類し，それぞれの種類に典型的な特徴を記述することによって，パーソナリティを記述する方法である（小塩，2010）。代表的な類型論には，身体的特徴等の生物学的背景をもつ特徴の類型に応じてパーソナリティを区分するもの，心理学的な理論に基づいて区分するものがある。前者には，ヒポクラテス Hippocrates −ガレノス Galenus の四体液−気質類型説，クレッチマー Kretschmer, E. の体格−性格理論，後者には，ユング Jung, C. G. の内向性−外向性理論が挙げられる。血液型性格理論も類型論の1つであり，日本においてとくにさかんに研究が行われ，日常的にも血液型とパーソナリティの関係が言及される文化がある。これらの類型論は，再現性に乏しく妥当性に問題があることが指摘され，実証的なアプローチを重視する特性論の台頭とともにパーソナリティ研究の主要なアプローチとしては衰退していったが，近年では適切な統計手法の発展と相まって，その有用性が再認識され，特性論的アプローチと融合した形での研究がさかんになっている。本章ではまず，類型論の代表的な理論として，ヒポクラテス−ガレノスの四体液−気質類型説，クレッチマーの体格−性格理論，血液型性格理論，ユングの外向性−内向性理論について解説する。そして，類型論の長所と短所を整理したうえで，類型論の短所を特性論的アプローチと融合し克服する近年の類型論的アプローチのいくつかを概観する。

▐ II　代表的な類型論

1．古代ギリシャの類型論

①人さまざま

　パーソナリティの類型に関して記された最古のものは，紀元前4世紀頃にまで遡ることができる。古代ギリシャの哲学者アリストテレスAristotelēsの弟子で，哲学者・植物学者のテオプラストスTheophrastusが『人さまざま』(*The Characters*)と題した書物の中で，30の人物の類型と特徴を記述している（テオプラストス，1982；表1）。

　『人さまざま』には，表1に挙げられている30項目それぞれについての人物像の具体的な特徴が記述されている。たとえば，「けち」な人については，期日前に借金の利息を取り立てにいくこと，客人との夕食時に客人が何杯飲んだかを数えることなどが具体的な人物像として記述されている。『人さまざま』は，ネガティブな印象を与える人物像に項目が偏っているため，包括的にパーソナリティの類型を記述していない。また各項目に記述されている特徴に，項目間で重複が認められるものが複数存在する。したがって，人全般にわたって説明力のある類型とはいえないが，各項目で描写される人物像の中には，現代の身近な社会にあてはめてみても，容易に想像が可能な描写が多々ある。テオプラストスによる人物描写は，多様な人を複数のタイプに分類して理解したいという動機が古代ギリシャ時代から現代に至るまで普遍的に存在することを示しているといえるだろう（小塩，2010）。

②四体液−気質類型説

　テオプラストスが誕生する数年前には，医学の父とされるヒポクラテスが死去

表1　テオプラストスの人物類型30項目

空とぼけ	おしゃべり	お節介	不潔	臆病
へつらい	噂好き	上の空	無作法	独裁好み
無駄口	恥知らず	へそまがり	虚栄	年寄りの冷水
粗野	けち	迷信	しみったれ	悪態
お愛想	嫌がらせ	不平	ほら吹き	悪人びいき
無頓	頓馬	疑い深さ	横柄	貪欲

表2　ガレノスの四気質類型説

体液	気質	特徴
血液	多血質	快活，明朗，社交的
粘液	粘液質	冷静，堅実，勤勉
黒胆汁	黒胆汁質	用心深い，心配性，不安定など
黄胆汁	胆汁質	せっかち，短気，積極的など

しているが，彼が生前提唱した四体液説は，その後の類型論の発展に重要な役割を果たすことになる。古代ギリシャでは，哲学者であるエンペドクレス Empedocles によって提唱された，空気，火，土，水を四大元素とし，各元素の混合と分離によって自然界のすべての事物が成り立っているとする四元素説が有力であった。ヒポクラテスは，それらの四元素と対応する4つの体液を想定し，体液の適切なバランスが崩れると病気が生じるとする四体液説を提唱した（ガレノス，2005）。四体液説はローマ時代の医師ガレノスによって引き継がれ，その後ルネッサンス期の古代ギリシア・ローマ古典文化の復興に伴ってルネッサンス期以降のヨーロッパへと伝えられ1000年以上の長期にわたって信仰されてきた（小塩，2010）。ガレノスは，ヒポクラテスの四体液説と対応するパーナリティの特徴を記述し，四気質類型説へと発展させた。ヒポクラテスの四体液説で分類された，血液，粘液，黒胆汁，黄胆汁の4つの体液に対応する気質として，ガレノスは，多血質（sanguine），粘液質（phlegmatic），黒胆汁質（melancholic），胆汁質（choleric）を想定した。多血質の特徴は快活，明朗，社交的など，粘液質の特徴は冷静，堅実，勤勉など，黒胆汁質は用心深い，心配性，不安定など，胆汁質の特徴はせっかち，短気，積極的などであった（表2）。

③四気質類型説の心理学への影響

　現代的にはヒポクラテスの四体液説は科学的な妥当性に乏しいことが明らかであるが，四気質類型説は，後続する類型論の発展に影響を与えるだけでなく，現代のパーソナリティ心理学において主要なアプローチである特性論的アプローチの発展にも影響を与えており，心理学史上の貢献は大きいといえるだろう。

　後述するクレッチマーの体型－性格理論の根底には，気質が血液や体液といった内分泌機構によって定まるものだという四気質類型説に通ずる発想がある。また，日本で一般的にも流布している血液型性格理論は，血液型という生物学的な基礎をもつ指標の類型に対応してパーソナリティが構成されるとの考えをもとに

構築され，その着想は四気質類型説にあることが言及されている（古川，1927）。

　心理学の父と呼ばれるヴント Wundt, W. もまた四気質類型説に基づいて，ガレノスの四気質を感情の強度と変化の速さという2つの次元から捉える説を提唱している（若林，2010）。ヴントの説によると，胆汁質と黒胆汁質は感情の強度が強く，多血質と粘液質は感情の強度が弱い傾向を示す。一方，感情の変化の速さでは，多血質と胆汁質は変化が早く，黒胆汁質と粘液質は感情の変化が遅い傾向を示す。つまり，黒胆汁質は感情の強度が強く，感情の変化が遅い，胆汁質は感情の強度が高く，感情の変化が早い，多血質は感情の強度が弱く，感情の変化が早い，粘液質は感情の強度が弱く，感情の変化が遅い。ヴントのアプローチは，感情の強度と変化の速さの2つの次元の度合いの組み合わせによってパーソナリティを表現する特性論的なアプローチの原型といえるだろう。また，特性論的なパーソナリティ理論の代表的なモデルを提唱したアイゼンク Eysenck, H. J. も，彼のモデルの主要な次元の1つである神経症傾向が，ヴントの感情の強度の次元に，外向性はヴントの感情の変化の速さの次元にそれぞれ対応すると考えていた。さらに，アイゼンクは当初は，神経症傾向と外向性の2次元で表現される4象限のそれぞれに，ガレノスの四気質類型をあてはめたモデルを構想していた（Eysenck, 1967）。

2．クレッチマーの体格－性格理論

①体格の類型と性格の関連

　ドイツの精神医学者クレッチマーは，1921年に体格の類型に基づくパーソナリティの類型論を提唱した『体格と性格』を出版し，後の精神医学や心理学に大きな影響を与えた(Kretschmer, 1921)。クレッチマーは精神科の入院患者の体格に関する詳細なデータを収集し，体格を細身型，肥満型，闘士型の3類型に集約した。細身型は体の長さが厚みよりも発育した体格，闘士型は，骨格，筋肉，皮膚が良く発育した体格，肥満型は，頭部・胸部・腹部の周囲が大きくなり脂肪が蓄積する体格である（図1）。クレッチマーは，体格の類型と精神疾患の対応関係を検討するために，当時の精神医学の主流な診断名であったクレペリンKraepelin, E. による二大内因性精神疾患である双極性障害（当時は躁うつ病）の患者と統合失調症（当時は早発性痴呆）の患者を比較した。その結果，双極性障害患者には肥満型が，統合失調症患者には細身型がそれぞれ高い確率で認められることを明らかにした（表3）。当時，各々の精神疾患には，発症前の性格的な偏り（病前性格）が各々の疾患に特異的に認められると考えられていた。体格の類型が精神疾

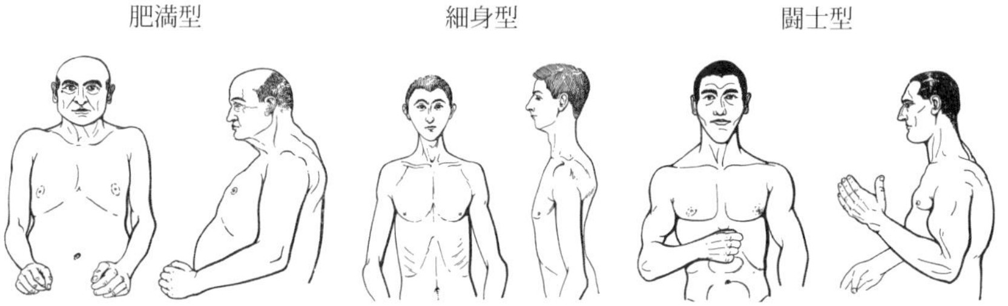

肥満型　　　　　　細身型　　　　　　闘士型

図1　クレッチマーの体格類型（Kretschmer, 1921）

表3　クレッチマーによる精神疾患と体格類型の比率

	肥満型	細身型	闘士型	その他
躁うつ病（双極性障害）	64.6%	19.2%	6.7%	9.5%
早発性痴呆（統合失調症）	13.7%	50.3%	16.9%	19.1%
てんかん	5.5%	25.1%	28.9%	40.5%

表4　クレッチマーによる各気質と性格類型（詫摩ら，1990より一部改変）

体格	肥満型			細身型			闘士型
気質	循環気質			分裂気質			粘着気質
	基本特徴	高揚性	抑うつ性	基本特徴	過敏性	鈍感性	
性格特徴	社交的 善良 親切 暖かみあり	明朗 ユーモア 活発 激しやすい	寡黙 平静 気が重い 柔和	非社交的 静か 内気 きまじめ 変わり者	臆病 はにかみ 敏感 神経質 興奮しやすい 自然や書物好き	従順 お人好し 温和 無関心 鈍感 愚鈍	誠実 几帳面 忍耐強い 頑固 爆発性あり

患のある人だけでなく人全般においても見出されることを観察していたクレッチマーは，精神疾患のある人の近親者の性格も含めて観察を行い，体格と気質の関連性に基づく類型論を一般の人へと適用を拡大した。そして，肥満型と関連する気質は循環気質，細身型と関連する気質は分裂気質と呼ばれた。クレッチマーの気質類型は，各類型に含まれる人に共通する基本特徴と，表面的には対立するように見える2つの特徴群から構成されている（表4）。循環気質では，基本特徴として，社交性や善良さといった同調性が挙げられており，対立的な特徴としては高揚性と抑うつ性が挙げられている。分裂気質では，基本特徴は非社交的，感情

表出の不自然さ，気分の不規則かつ大きな変動が挙げられ，２つの対立的な特徴としては過敏性と鈍感性，繊細な感受性と無神経な無関心などが挙げられている。『体格と人格』では，性格の分類は循環気質と分裂気質のみであったが，のちにてんかん者の傾向も考慮して闘士型と対応した粘着気質という類型が加えられた。

②クレッチマー理論の批判

　クレッチマーの体格と性格理論に関する一連の研究や後続して行われた統計的調査の結果を概観すると，内因性精神障害の患者に関しては，理論を支持するデータが数多くの国で得られているが，精神疾患のない一般人口に理論を適用する際に再現性の問題があった（若林，2010）。またクレッチマーの理論は，ドイツ圏のヨーロッパ人を対象に行った調査結果に基づいているが，体格的な特徴は，欧州圏とアジア圏で異なるというように，文化差が大きいため，ドイツ圏でのみ支持される結果である可能性がある。

③シェルドンによる後続研究

　アメリカの心理学者シェルドン Sheldon, W. H. は，1940 年初頭に，クレッチマーが提唱した体格と性格の関係が一般成人にも適用されうるか検討し公表した（Sheldon, 1942）。シェルドンは，体格の発生的要因に注目し３つの類型を想定した。シェルドンが提唱した類型は，内臓機能が優位な内胚葉型，骨格や筋などの機能が優位な中胚葉型，皮膚や感覚器官や神経系が優位な外胚葉型であり，それぞれがクレッチマーの体格の３類型とおおむね対応している。内胚葉型は肥満型，中胚葉型は闘士型，外胚葉型は細身型に対応している。また，シェルドンは気質に関する文献調査と大学生を対象とした予備調査を通じて，50 の特性をまとめ，それらの項目を因子分析した結果３つの因子を抽出した。３つの因子は，内臓緊張型，身体緊張型，大脳緊張型と名づけられ，内臓緊張型の因子得点の高い人は，安楽を好み，自分の行為の評価を求め，リラックスする傾向を示していた。身体緊張型の因子得点が高い人は，騒々しく攻撃的でいつも動きまわっている傾向を示した。大脳緊張型の因子得点が高い人は，緊張しやすく，躊躇することが多く，社会的に孤立する傾向があり，行動的ではない傾向を示していた。シェルドンはその後，体格の３類型と気質による分類結果の対応を調べ，内胚葉型と内臓緊張型，中胚葉型と身体緊張型，外胚葉型と大脳緊張型のそれぞれに強い関連が認められることを示した。このように，シェルドンは，クレッチマーの体格と性格の関連をより実証的に示すことに成功したが，体格と気質の評定者が共通で

独立していないため，評定者の先入観や体格と性格のストレオタイプによるバイアスが除外できていないといった点で結果の再現性に疑問が呈されている（若林，2010）。

④クレッチマーの心理学への影響

　クレッチマーの体格と性格理論は批判も多く，現代の心理学においては時代遅れのものと見なされている。しかし，クレッチマーが自身の説を立証するために採用したアプローチは，現代の心理学に重要な影響を与えているといえるだろう（若林，2010）。たとえば，クレッチマーは，臨床的な観察をもとに，精神疾患者と健常者のパーソナリティに連続性を想定し，精神疾患者で認められた性格類型を健常者において検討している。これは，精神疾患のある人と健常者の病理の間に連続性を想定し，健常者を対象として精神的な病理の研究を行うアナログ研究など，現代心理学におけるスペクトラムモデルのさきがけというべきものである（若林，2010）。また，クレッチマーは，体格と性格類型の関連を検討するために実験類型学という画期的な手法を導入している。これは，パーソナリティ研究を単なる記述研究から実証的アプローチの導入へと進めた点で評価されるべきである（若林，2010）。

　さらに，クレッチマーの理論自体はその後一部を除いて，心理学におけるパーソナリティ研究として発展することはなかったが，循環気質の中の抑うつ傾向群は，テレンバッハ（Tellenbach, 1961）による「メランコリー型」の研究で注目され，うつ病研究の理論的な発展に大きな貢献をしている（若林，2010）。

3．血液型性格理論

　血液型と性格の関係は，日本で一般的にも認知されている類型論であり，今日でも血液型と性格の関係が書かれた本が出版され，一定の販売数を誇っている。血液型と性格の関係は，日本の心理学者が精力的に研究を進めてきた。その最古の研究は，古川（1927）による「血液型による気質の研究」という論文であった。その着想は，ヒポクラテス-ガレノスの四体液-気質類型説に着想を得ている。古川は，はじめに自身の血縁者11名の血液型と性格の関係を観察し，3つの血液型（A，B，O）が消極的か積極的かの2つのカテゴリーで分類されうるという着想を得た。このときの分類は，O型とB型は積極的，A型は消極的であった。AB型については古川の血縁者にAB型がいなかったため不明とされていた。その後，古川が在籍する大学職員，卒業生，友人など50名を対象とした予備調

査を経て，大学生 296 名を対象に，積極的な文章と消極的な文章を読み，どちらが自身にあてはまるかを回答してもらうという質問紙調査の回答に基づいて，血液型と性格類型の対応関係を分析して行った。その結果をまとめると，A 型は消極的で大人しく心配性，B 型は積極的で陽気で黙っていられない，O 型は積極的で気が強く我が強い，AB 型は A 型と B 型の特徴を併せもつとされている。

現在では，多くの実証的な研究から，血液型とパーソナリティとの間に一貫した関連は認められていない。たとえば，松井（1991）は 1980 年から 1988 年にわたって，全国の都市部に在住の 13 歳から 59 歳までを対象に各回 3,000 名以上の大規模な調査を行った。その結果，調査のたびに，血液型に関連する項目は入れ替わり一貫性がないことが明らかとなった。国外においても，台湾の大学生や高校生を対象に行われた調査でも，アメリカの一般成人を対象とした調査においても，パーソナリティ検査と血液型の間に統計学的に有意な関連は示されてない。

4．ユングの外向性‐内向性理論

①理論の概要

ユングはフロイト Freud, S. の弟子として精神分析学の発展に貢献したスイスの精神科医であり，フロイトと共に 19 世紀ヨーロッパで支配的であった近代理性主義を批判する精神分析運動の立役者の 1 人である。のちにユングはフロイトからは独立し，分析心理学（またはユング心理学）と呼ばれる独自の理論体系を展開させた。分析心理学の初期に，ユングは性格に関する類型論を提唱していた（Jung, 1921）。ユングは，臨床上の経験に基づいて，心的なエネルギーが人に内在することを想定し，そのエネルギーが向く対象によって性格を分類する軸を提唱した。心的エネルギーが外（客体）との関係に対してより多く向かい，自身の外部に存在するものを行動選択の基準とする傾向が常態化している人を外向型，心的エネルギーが内（主体）に対してより多く向かい，自身の主観的な認識を行動選択の基準とする傾向が常態化している人を内向型と分類した。外向型の特徴は，社交的で気さくな態度，状況への適応の良さ，自信家，未知への状況への選好である。内向型の特徴は，躊躇し反省が多く引っ込み思案で，自己閉鎖的，受動的，懐疑的であるとした。ユングは内向型，外向型の分類に加え，心的エネルギーを，合理的判断機能と非合理的判断機能の 2 つに分類した。合理的判断機能は，思考と感情に大別され，非合理的判断機能は直感と感覚に分類される。ユングは，これら心的エネルギーの 4 つの機能と内向性，外向性の分類を組み合わせ，

表5　ユングの8類型と典型的人物像

心的エネルギーの機能		外向性	内向性
合理的判断機能	思考	有能な弁護士	大著をもつ学者
	感情	人のあしらいの上手な料亭の女将	謎めいた音楽家
非合理的判断機能	直感	切れ者のエンジニア	詩人
	感覚	成功している実業家	古代美術の権威

8つの性格類型を提唱した。その8類型の特徴を反映した典型的な人物像が表5に示されている。

②心理学への影響

　内向性型と外向性型という類型は，内向性と外向性を1つの次元とする神経症傾向の表現軸としてアイゼンクなどの特性論的パーソナリティ理論に引き継がれている。

III　類型論的アプローチの意義と最近の動向

1．類型論の長所と短所

　類型論の長所の1つとして，大雑把に人を捉えてイメージし，知らない人に説明したり，異なる類型の人と比較したりするのに便利な点が挙げられる。一方類型論では，類型の数が少ないほど，いずれの型にも適合しない，あるいは複数の型に部分的に適合するといった，中間的な層の個人の特徴を捨象して，そのような個人を無理やり類型にあてはめる必要が出てくる。そのため類型論は，個人の特徴を捉える正確性に欠け，また再現性にも欠けるといった問題が生じやすくなる。

　これらの問題を克服する形で近年では，個人の特徴を複数の次元の強弱で定量的に正確に表現する特性論的アプローチと類型論的アプローチを融合したパーソナリティ研究がさかんに行われてきている。

　また，クレッチマーの類型論をはじめとして，古典的な類型論の多くは，精神疾患者等を対象とした臨床的な観察から見出された類型が多く，それが健常群にまで適用可能であるかという点について実証的な検証が十分になされてこなかった。実際，クレッチマーの類型論では，精神疾患者を対象とした研究では一定の

再現性があるものの，健常群では再現性が認められていない。このような臨床群と健常群の間の連続性は今日的には，分類分析（3項参照）等の統計的な手法を用いた実証的な研究が盛んに行われている。

2．類型論と特性論の融合

1990年代後半から，類型論アプローチの長所を再認識したうえで，再現性と一般化可能性のある新たなパーソナリティの類型論が展開されている。たとえば，特性論的なパーソナリティ研究の代表的なモデルである，ビッグファイブモデルに関する研究では，5つの因子のプロフィールが類似する集団を3つまたは5つと想定するモデルの妥当性が示されている（Ferguson et al., 2018）。アメリカの高校生や大学生を対象として因子混合モデル（factor mixture model）という統計手法を用いて分析を行った研究では，ビッグファイブモデルに基づく5つの特性次元のプロフィールについて3つの下位分類を想定することが妥当であることが示されている。その3つの下位集団のプロフィールは，平均的に各次元の得点が高く，かつ神経症傾向の得点が他の下位集団よりも高い覚醒型（exitable），すべての次元が他の下位集団よりも低い消極型（reserved），神経症傾向が低く，その他の次元の得点が高い適応型（well-adjusted）であり，複数の研究で整合的な知見が得られている。それぞれの型に所属する人の割合は，覚醒型が54％，消極型が4％，適応型が42％と，消極型が非常に少ない。

　一般成人を対象としたアメリカやスウェーデンで行われた調査では，ビッグファイブモデルに基づく5つの特性次元のプロフィールについて，5つの下位分類を想定するモデルが妥当であることが示されている。3分類のモデルにおける適応型と同様に神経症傾向が低く，他の次元が他の集団よりも高いレジリエント（resilient）型，レジリエント型と比べて神経症傾向は同程度であるが，他の次元がレジリエント型よりも平均的に低いコンフィデント（confident）型，適応型とは対照的に神経症傾向が高く，他の次元が他の下位集団よりも低いリジッド（rigid）型，誠実性のみが高い消極（reserved）型，いずれの次元も平均的な普通（ordinal）型の5分類のモデルである。

　このように，類型論的アプローチは，特性論的アプローチとは別の，個人の全体的なパーソナリティ構造を把握することを目的とした視点をもっており，特性論的理解とは相補的な関係をもっていることから，実証的な研究によって類型論が再検討されることは，パーソナリティ研究にとって有意義なことといえる（若林，2010）。

3．分類分析

　近年，健常群と臨床群の連続性と非連続性を検討する強力な方法として注目を集めているのが分類分析（taxometric analysis）である（杉浦，2009）。これは，症状の分布からその背後に隠れた要因が連続的に分布しているか，非連続に分布しているのかを検討する方法である。連続的である場合，症状の分布が程度の低いところから高いところまで連続的に分布し，質的な相違があれば分布に断絶が見られる。分布の形状の目視で測定概念が連続的か非連続的かを判断することが難しい場合があり，そこで分類分析による統計的な手法が用いられるようになった。たとえば，日本人のコミュニティサンプル2万987名を対象に，抑うつ症状に連続性があるかを分類分析によって検討した奥村（Okumura, 2009）の研究では，抑うつ症状は，高い層と低い層の間に質的な断絶がなく連続的に分布することを示唆する結果を得ている。この結果は，他のさまざまな地域と対象でおおむね一貫した知見である。分類分析を用いた研究は，多様な疾患や症状だけではなく，パーソナリティ特性にも適用されており，知見が集積されている。たとえば，大学生，一般成人等3つの大規模なデータについて，ビッグファイブモデルの5次元の連続性を分類分析で検討したロングリーら（Longley et al., 2017）の研究によると，5つの次元はすべて，連続的，つまり検討したサンプルにおいて，質的な断絶のある次元を想定するよりも次元が低いところから高いところまで連続していると捉えるモデルが妥当であることが示されている。

　ハスラムら（Haslam et al., 2012）では，分類分析によって測定概念の連続性を検討した311件の研究を抽出し，各概念カテゴリーごとに連続性の知見を概観した。その一部の結果を表6に示した。たとえば気分障害では気分障害と関連する主要な症状（うつ病の症状やその下位分類，躁症状や悲嘆反応，不安抑うつ混合状態などを含む）について分類分析を実施した研究36件の知見から平均的に連続かどうかを調べた。その結果，気分障害，不安障害，外在化傾向，統合失調型パーソナリティや非病理的なパーソナリティ（失感情症傾向や愛着スタイル，外向性－内向性，衝動性，完璧主義など）は連続的，アルコール依存や薬物依存等の物質使用と関連する問題は，連続的とも非連続的とも断定できない，摂食障害や他の個人差特性に関してはおそらく連続的という結果であった。

　このように，クレッチマーに始まった健常者と臨床疾患者の間のパーソナリティ特性等の次元的解釈は，現代では実証的な方法論と共に重要な研究テーマの1つとなっている。

表6　ハスラムらによる分類分析研究のレビュー結果（Haslam et al., 2012 より一部改変）

	研究数	連続か非連続か
気分障害	36	連続
不安障害	60	連続
摂食障害	21	おそらく連続
物質使用	12	どちらともいえない
外在化傾向	29	連続
統合失調型パーソナリティ	29	連続
通常のパーソナリティ	41	連続
他の個人差特性	49	おそらく連続

IV　まとめ

　本章では類型論について，古くは古代ギリシャに起源をもつ説から心理学の初期に台頭した代表的な理論について概観した。ヒポクラテス－ガレノスの四体液－気質類型説は，心理学の父ヴント，クレッチマー，アイゼンクの性格理論，血液型性格理論など，広範な影響を与えた理論といえる。また，クレッチマーの体格と性格の理論は，その実証的な関係性は現代的には説得力に欠けるが，彼が当時採用した実証的な方法論はパーソナリティ研究の発展におおいに貢献したといえる。

　古典的な類型論は，理解の容易さから重宝されてきたが，科学的，実証的な心理学的な方法論の普及とともに一時的にパーソナリティ研究の主役は特性論にとって代わられた。しかし，近年の統計的な方法論の発展と相まって，類型論と特性論の双方の利点を融合する研究が可能となり，そこから得られた知見がパーソナリティ研究の発展に貢献をしている。類型論をもはや過去の遺物とはいえないだろう。

◆学習チェック
□　ガレノスの四気質説の類型を，ヒポクラテスの四体液説と対応させて説明できる。
□　クレッチマーの体格の類型と対応する気質類型の名称およびその特徴を説明できる。
□　ユングによるパーソナリティの 8 類型を，内向性と外向性，および心的エネルギーの機能の分類から説明できる。

□　特性論の長所と短所，および短所を補う最近の方法論を説明できる。

より深めるための推薦図書

小塩真司（2010）はじめて学ぶパーソナリティ心理学―個性をめぐる冒険．ミネルヴァ書房．

詫摩武俊・鈴木乙史・瀧本孝雄ら（2003）性格心理学への招待 改訂版．サイエンス社．

若井明雄（2010）パーソナリティとは何か―その概念と理論．培風館．

文　　献

Eysenck, H. J.（1967）*The Biological Basis of Personality*. Charles C. Thomas Publisher.（梅津耕作ら訳（1973）人格の構造．岩崎学術出版社．）

Ferguson, S. L. & Hull, D. M.（2018）Personality profiles: Using latent profile analysis to model personality typologies. *Personality and Individual Differences*, **122**; 177-183.

古川竹二（1927）血液型による気質の研究．心理学研究, **2**; 22-44.

ガレノス，内山勝利・木原志乃訳（2005）ヒッポクラテスとプラトンの学説 1．京都大学学術出版．

Haslam, N., Holland, E. & Kuppens, P.（2012）Categories versus dimensions in personality and psychopathology: A quantitative review of taxometric research. *Psychological Medicine*, **42**; 903-920.

Jung, C. G.（1921）*Psychological Types*. Princeton University Press.（林道義訳（1987）タイプ論．みすず書房．）

Kretschmer, E.（1921）*Körperbau und Charakter: Untersuchungen zum Konstitutionsproblem und zur Lehre von den Temperamenten*. Springer.（斎藤良象訳（1944）体格と性格．肇書房．）

Longley, S. L., Miller, S. A., Broman-Fulks, J. et al.（2017）Taxometric analyses of higher-order personality domains. *Personality and Individual Differences*, **108**; 207-219.

松井豊（1991）血液型による性格の相違に関する統計的検討．東京都立立川短期大学紀要, **24**; 51-54.

Okumura, Y., Sakamoto, S. & Ono, Y.（2009）Latent structure of depression in a Japanese population sample: Taxometric procedures. *Australian & New Zealand Journal of Psychiatry*, **43**; 666-673.

小塩真司（2010）はじめて学ぶパーソナリティ心理学―個性をめぐる冒険．ミネルヴァ書房．

Sheldon, W. H. & Stevens, S. S.（1942）*Varieties of Temperament: A Psychology of Constitutional Difference*. Harper & Brothers.

杉浦義典（2009）アナログ研究の方法（臨床心理学研究法 4）．新曜社．

詫摩武俊（1990）総論―性格・パーソナリティ・気質．In：小川捷之・詫摩武俊・三好暁光編：臨床心理学大系 2 パーソナリティ．金子書房，pp. 1-13.

詫摩武俊・鈴木乙史・瀧本孝雄ら（2003）性格心理学への招待 改訂版．サイエンス社．

テオプラストス，森進一訳（1982）人さまざま．岩波書店

Tellenbach, H.（1961）*Melancholie*（1983, 4th ed.）. Springer（木村敏訳（1985）メランコリー 改訂増補版．みすず書房．）

若井明雄（2010）パーソナリティとは何か―その概念と理論．培風館．

人格と病理

高比良美詠子

🔑 *Keywords*　パーソナリティの機能不全，精神疾患，素因ストレスモデル，ストレス生成モデル，形成モデル，共通要因モデル，パーソナリティ障害，代替 DSM-5 モデル

┃ Ｉ　パーソナリティおよび病理の定義

　本章では人格と病理の関係性について取り上げるが，最初に本章で用いる用語の説明を行う。「人格」は personality の訳語として使われているが，ポジティブな意味を多分に含んでいる。一方，原語の personality は，本来価値中立的な言葉である。このような翻訳上の混乱もあり，現在では personality の訳語として「パーソナリティ」というカタカナ表記を用いることが増えている（浮谷，2013）。本章では，パーソナリティの機能不全と病理の関係をおもに取り上げるため，「パーソナリティ」という用語を「人格」という用語の代わりに使用する。

　パーソナリティの定義についてはさまざまなものが提案されているが，含まれる内容には共通する部分が多い。そこで本章では一般的な定義に基づき，「個人の感情，思考，行動に持続的かつ個別のパターンを与える内的特性」（Cervone et al., 2015, p. 6）としてパーソナリティを扱う。

　また，パーソナリティと関連する病理としては，身体疾患および精神疾患が想定されうるが，本章ではとくに精神疾患に着目する。アメリカ精神医学会（American Psychiatry Association：APA）の『精神疾患の診断・統計マニュアル』（DSM-5）によれば，精神疾患は，「精神機能の基盤となる心理学的，生理学的，または発達過程の機能不全を反映する個人の認知，情動制御，または行動における臨床的に意味のある障害によって特徴づけられる症候群である」とされ，「通常，社会的，職業的，または他の重要な活動における意味のある苦痛または機能低下と関連する」（American Psychiatric Association, 2013, 翻訳書 p. 20）。つまり，個人の感情，認知，行動の障害群が，臨床的に定められた診断的閾値を超える苦痛または

適応上の問題を伴うことが，精神疾患の要件になる。

　DSM-5 は，症状の特徴に応じて精神疾患を 22 群に分類している。この中には，抑うつ障害群，不安障害群，強迫性障害および関連障害群，統合失調症スペクトラム障害および他の精神病性障害群，食行動障害および摂食障害群，睡眠－覚醒障害群，秩序破壊的・衝動制御・素行症群，物質関連障害および嗜癖性障害群，パーソナリティ障害群など，さまざまなものが含まれる。なお，DSM-5 の診断基準を必ずしも満たさないが，精神疾患に特有の症状を示す場合（たとえば，うつ状態）についても，本章では精神疾患の範囲に含めるものとする。

■ II　パーソナリティの 3 つの概念レベル

　臨床心理学およびその関連分野において，精神疾患との関連性が示されたパーソナリティの種類は非常に多岐にわたる。これには，精神疾患自体の種類の多さに加え，パーソナリティという用語に含まる概念の多様性が影響している。

　この点に関してマクアダムス（McAdams, 2006; McAdams et al., 2006）は，パーソナリティに包含される概念を，「気質的特性」（dispositional traits），「特徴的な適応」（characteristic adaptations），「ライフ・ストーリー」（life stories）の 3つのレベルに整理している。1 つ目の「気質的特性」とは，行動，思考，感情に見られる安定的で包括的な個人差を説明する広範な次元を指す。神経症傾向，外向性，調和性，誠実性，開放性の 5 次元から個人差の全体像を測定するビッグファイブなどが気質的特性のレベルに該当する。このレベルは，状況や時間を超えた，最も安定した心理的個人差として捉えられる。

　2 つ目の「特徴的な適応」とは，動機的，社会認知的，発達的課題への適応方略に見られる個人差であり，気質的特性に比べて，①動機づけや認知とより強く関連し，②環境や文化の影響を受けやすく，③時間の経過や治療的介入によって変化しやすく，④状況と結びついた情報処理により関与している。言い換えるなら，特徴的な適応は，気質的特性と現実場面で個人が示す限定的行動の中間レベルに位置するパーソナリティの概念であり（Buss et al., 1989），このレベルには，認知スキーマ，信念，対処方略，自己イメージなどが該当する。

　3 つ目の「ライフ・ストーリー」とは，過去，現在，未来を統合し，人生に一貫性，目的，意味の感覚をもたらすために人が内的に構成する自己の物語であり，このレベルには自己定義的記憶などが該当する。人は進行中の物語として自分の人生を解釈しており，ライフ・ストーリーは，行動の形成，アイデンティティの

確立，個人と社会生活の統合の助けとなる（Hermans et al., 1992）。

　マクアダムス（McAdams, 2006）は，これらの 3 つのレベルを対比させて，気質的特性が人間の個人差の概観，特徴的な適応がその詳細であり，ライフ・ストーリーは個人の人生に独自かつ文化に根差した意味を付与するものだと述べている。なお，これらの 3 つのレベルのパーソナリティは，いずれも個人の環境への適応を調整するシステムとしての機能をもつ。そのため，これらのパーソナリティが社会生活の中でうまく機能しているときには大きな適応上の問題は見られない。しかし，自他に起こった出来事を極端にゆがめて捉えるなど，個人のパーソナリティが深刻な機能不全に陥った場合は，精神疾患の発症のような重大な適応問題を伴いやすくなる。

III　パーソナリティと精神疾患の関係

　パーソナリティのレベルを問わず，パーソナリティの機能不全とさまざまな精神疾患の関連性を示す研究は多い。それでは，両変数はどのようなパターンで関連しているのだろうか。理論的には，「パーソナリティの機能不全が精神疾患の原因である」「パーソナリティの機能不全は精神疾患の結果である」「パーソナリティの機能不全と精神疾患の両方の原因となる別の要因が存在する」「パーソナリティの機能不全と精神疾患は同じ次元上に位置する連続体である」など，さまざまなパターンが想定可能である。しかし，パーソナリティの機能不全への介入を精神疾患の治療および予防に役立てるためには，パーソナリティの機能不全が精神疾患の原因であることが重要になる。そこで以下では，パーソナリティの機能不全を精神疾患の原因と見なすモデルと，その他のモデルに大別して説明を行う。

1. パーソナリティの機能不全を精神疾患の原因と見なすモデル

①素因モデル（脆弱性モデル）

　パーソナリティの機能不全が，特定の精神疾患を引き起こす原因になると考えるモデルは，素因モデル，あるいは脆弱性モデルと呼ばれる。抑うつ障害や不安障害などを筆頭に，さまざまな精神疾患の治療で有効性が認められている認知行動療法では，パーソナリティの機能不全を精神疾患の素因（脆弱性要因）として捉え，素因への介入を行うことで精神疾患の治療を行う。たとえば抑うつ障害に関しては，ネガティブな自動思考や抑うつスキーマが古くから素因として取り上げられている（Beck et al., 1979）。また，DSM-5 において新たに診断カテゴリー

となった秩序破壊的・衝動制御・素行症は，反社会的で破壊的な行動を伴うという共通点をもっているが，このような反社会的行動の生起にはダークトライアドと呼ばれる3種類のパーソナリティ（マキャベリアニズム，サイコパシー，自己愛傾向）が関わっている（Vize et al., 2018）。一方，ポジティブ心理学の分野では，精神疾患を予防するような，素因とは逆の働きをする個人内要因に注目が集まっている。たとえば，ネガティブな出来事から立ち直る力であるレジリエンスと精神疾患の関係などが検討されている（Edward, 2005）。

　なお，精神疾患の治療および予防の問題と関連して取り上げられることの多いこれらの素因は，先述のパーソナリティの3つのレベルでいえば，特徴的な適応のレベルに該当するものが多い。しかし近年では，ビッグファイブのような気質的特性レベルのパーソナリティと精神疾患の関連性もさかんに検討されている（Kotov et al., 2010）。

②素因ストレスモデルとストレス生成モデル

　この素因モデルのバリエーションとして，素因ストレスモデルが提案されている。このモデルでは，パーソナリティが機能不全を起こしている個人がつねに精神疾患の症状を示すわけではなく，そのような個人が深刻なストレッサーに遭遇したときにだけ精神疾患が生じると考える。つまり，パーソナリティの機能不全により，そのストレッサーをうまく処理できず，結果的に精神疾患のリスクが高まるというモデルであり，個人内要因であるパーソナリティの機能不全と環境要因であるストレッサーが相互作用することで，精神疾患が生起すると仮定している。

　なお，素因ストレスモデルでは，ストレッサーを素因となるパーソナリティとは無関係に生起するものとして捉えている。この見方によれば，パーソナリティは遭遇したストレッサーに対する評価システムとして働くが，パーソナリティ自体が原因となって特定のストレッサーに遭遇しやすくなるわけではない。一方，ストレッサーは素因とは無関係に生起するものではなく，特定の素因が存在することでストレッサーに遭遇する確率自体が上がると考える立場もある。パーソナリティが機能不全を起こしていると，日常生活において問題を起こしがちになる。そのため，ストレッサーに遭遇する機会自体も増える可能性がある。これはストレス生成モデルと呼ばれており，ストレッサーを新たに生成するシステムとしてパーソナリティを捉えている点に特徴がある。

　この素因ストレスモデルとストレス生成モデルは，いずれもストレッサーと精

神疾患の関係を調整するものとしてパーソナリティの役割をモデル化しており，ストレス研究の分野の基本モデルになっている。

2．パーソナリティと精神疾患に関するその他のモデル

①形成モデル

素因モデルとは逆に，パーソナリティの機能不全が精神疾患の結果であると仮定するモデルもある。これは，先行する精神疾患の症状が，その後のパーソナリティのあり方に影響すると考えるモデルであり，形成モデルと呼ばれる。たとえば，ある精神疾患に罹ったことが原因となって，いままでには見られなかったようなパーソナリティの機能不全が生じた場合などがこのモデルに該当する。

②共通要因モデル

パーソナリティの機能不全と精神疾患を同時に生み出している別の要因が存在すると仮定するモデルは，共通要因モデルと呼ばれる。この別の要因としては，遺伝的要因などが想定される場合が多い（Clark, 2005）。たとえば，ある特定の遺伝子が，精神疾患に特有の症状を引き起こすと共に，パーソナリティにも決まったパターンの機能不全を引き起こす場合などがこのモデルに該当する。

③スペクトラムモデル

パーソナリティの機能不全および精神疾患を生み出した原因には触れずに，パーソナリティと精神疾患の関係を捉えるモデルもある。たとえば，パーソナリティの機能不全と精神疾患が同じ連続体上に位置しており，現れた不適応症状の強度によってのみ区別されると考えるものであり，これはスペクトラムモデルと呼ばれる。パーソナリティの機能不全を主訴とするパーソナリティ障害を，その他の精神疾患（たとえば，抑うつ障害）の前駆症状と見なす場合などが，このモデルに該当する。

3．パーソナリティと精神疾患に関するモデルのまとめ

これまでに述べたように，パーソナリティの機能不全と精神疾患の関係についてはさまざまなモデルが提案されている。いずれのモデルにもそれを支持する研究結果が存在することから，パーソナリティと精神疾患の関係には唯一の正解があるわけではなく，複合的なパターンで影響を与え合っている可能性がある。この他にも，機能不全を起こしているパーソナリティに介入することで，精神疾患

に対する治療抵抗が減ることを示す研究結果も存在し（林，2005），パーソナリティへの介入が精神疾患の治療に効果を発揮するルートは多様であることが予想される。

■ IV　精神疾患としてのパーソナリティ障害群

　先述のように，パーソナリティと精神疾患がどのような形で関連しているかについては諸説があるものの，機能不全を起こしているパーソナリティに介入することによって，抑うつ障害などの精神疾患の症状が緩和したり，治療への反応性が上がることが多くの研究によって示されている。しかしこの場合，機能不全を起こしているパーソナリティへの介入は精神疾患の症状を治療する手段の1つであり，当該のパーソナリティの変容そのものが治療の最終目標ではない。

　一方，パーソナリティの機能不全が主訴であり，そのこと自体によって臨床的に定められた診断的閾値を満たすほどの苦痛または機能低下が生じている場合は，機能不全を起こしているパーソナリティを変容させることが治療の最終目標になる。この状態に該当するものが，精神疾患としてのパーソナリティ障害である。

1．DSM-5 におけるパーソナリティ障害の定義と診断

①パーソナリティ障害の全般的基準

　DSM-5 において，パーソナリティ障害は，「その人が属する文化から期待されるものから著しく偏り，広範でかつ柔軟性がなく，青年期または成人期に始まり，長期にわたり変わることなく，苦痛または障害を引き起こす内的体験および行動の持続的様式」と定義されている（American Psychiatric Association, 2013, 翻訳書，p. 635）。そしてこのような偏った持続的様式は，①認知（自己，他者，および出来事を知覚し解釈する仕方），②感情性（情動反応の範囲，強さ，不安定さ，および適切さ），③対人関係機能，④衝動の制御のうち少なくとも2つの領域において表れるとされる。つまり，パーソナリティ障害とは，自己および外的環境に対する持続的な思考，感情，行動様式であるパーソナリティが，①～④に示したような特定の領域において著しく偏った結果として，日常生活に深刻な問題が生じている状態だといえる。

②パーソナリティ障害の 10 類型

　DSM-5 では，このようなパーソナリティ障害の全般的基準を個人が満たし，な

表1　DSM-5 における各パーソナリティ障害の名称と診断的特徴（American Psychiatric Association, 2013，翻訳書をもとに作成）

群	名称	診断的特徴
A群	猜疑性パーソナリティ障害	他人の動機を悪意あるものとして解釈するといった，不信と疑い深さを示す様式
	シゾイドパーソナリティ障害	社会的関係からの離脱と情動表出の範囲が限定される様式
	統合失調型パーソナリティ障害	親密な関係において急に不快になることや，認知または知覚的歪曲，および行動の風変わりさを示す様式
B群	反社会性パーソナリティ障害	他人の権利を無視する，そして侵害する様式
	境界性パーソナリティ障害	対人関係，自己像，および感情の不安定と，著しい衝動性を示す様式
	演技性パーソナリティ障害	過度な情動性を示し，人の注意を引こうとする様式
	自己愛性パーソナリティ障害	誇大性や賞賛されたいという欲求，共感の欠如を示す様式
C群	回避性パーソナリティ障害	社会的抑制，不全感，および否定的評価に対する過敏性を示す様式
	依存性パーソナリティ障害	世話をされたいという過剰な欲求に関連する従属的でしがみつく行動をとる様式
	強迫性パーソナリティ障害	秩序，完璧主義，および統制にとらわれる様式

　おかつ，このような持続的様式が他の精神疾患等の表れとしてはうまく説明できない場合，続けてパーソナリティ障害の 10 類型に依拠した診断が行われる。各類型にはそれぞれ診断基準が設けられており，その基準を満たすことによって該当するタイプのパーソナリティ障害であると診断される。これは，多神論的記述的症候論モデルと呼ばれる診断方法であり，その結果，複数のパーソナリティ障害に該当する人も存在する。

　現行の 10 類型の名称および診断的特徴を表 1 に示す。各類型は，診断的特徴の類似性に基づき，さらに A ～ C の 3 群に分けられる。A 群は奇妙で風変わりに見えるクラスター，B 群は演技的で，情緒的で，移り気に見えるクラスター，C 群は不安または恐怖を感じているように見えるクラスターである。

③パーソナリティ障害の有病率

　このようなパーソナリティ障害の有病率を調べる疫学調査は，アメリカやイギリスを中心に各国で行われている（Morgan et al., 2018）。2002 ～ 2010 年に発

表された DSM- Ⅳの診断基準に基づく 7 件の調査によれば（$N = 123,312$），いずれかのパーソナリティ障害と診断された人の割合は 4.4 〜 15.7％であり，これらの研究で示された有病率の中央値は 9.1％であった。なお，臨床サンプルによる 5 件の調査に限定した場合（$N = 93,264$），いずれかのパーソナリティ障害を患っている人の割合は 9.0 〜 15.7％，有病率の中央値は 11.9％だった。一方，コミュニティサンプルを用いた 2 件の調査では（$N = 30.048$），いずれかのパーソナリティ障害に該当する人の割合は 4.4 〜 6.1％，有病率の中央値は 5.3％だった。

2．パーソナリティ障害群の代替 DSM-5 モデル

これまでに述べたように，DSM-5 では，パーソナリティ障害の診断基準として 10 類型に基づく多神論的記述的症候論モデルを採用している。これは，DSM- Ⅲ から DSM- Ⅳ -TR で採用されていたものと同様の診断基準であり，これにより現行の臨床実践との連続性が保たれている。しかし，個人が当該の類型にあてはまるかを 1/0 で判断するようなカテゴリカルな診断方法を用いた場合，複数の類型の合併率が高くなる，あるいは，いずれの類型の基準も十分に満たさない特定不能のパーソナリティ障害が多くなるといった問題が生じやすい。

そこで，DSM-5 では，「新しい尺度とモデル」と題された第Ⅲ部において，パーソナリティ障害群の代替的な診断モデルも同時に掲載し，従来型の方法の問題を解決する新しい診断方法を提案することで今後の方向性を示している。この代替的な診断モデルは，ディメンジョナルモデル（次元モデル）の考え方を導入している点で，従来型のカテゴリカルモデル（類型モデル）とは大きく異なる。今後の方向性を理解するために，続けてこの代替的な診断モデルの考え方について説明する。

①パーソナリティ障害の 2 つの基準

この代替 DSM-5 モデルを用いる場合，パーソナリティ障害の診断には基準 A と基準 B による 2 つの評定が必要になる。基準 A では，パーソナリティ機能における障害の程度（重症度）を評定する。パーソナリティ障害は，「自己機能」と「対人関係機能」でとくに機能障害を起こしやすいことが明らかになっている。1 つ目の自己機能は，さらに①同一性と②自己志向性に分けられ，①同一性は，ⓐ 自律性／主体性および他者との境界の保持に関わる機能，ⓑ 自己評価に関わる機能，ⓒ 情動体験の処理に関わる機能を含む。②自己志向性は，ⓐ 目標の設定と達成に関わる機能，ⓑ 行動の内的規範の設定に関わる機能，ⓒ 建設的な内省の実行

に関わる機能を含む。2つ目の対人関係機能は，さらに③共感性と④親密さに分けられ，③共感性は，ⓐ他者の内面理解に関わる機能，ⓑ異なる見方の容認に関わる機能，ⓒ自己の行動が他者に及ぼす影響の理解に関わる機能を含む。④親密さは，ⓐ親密な関係の持続に関わる機能，ⓑ親密さの欲求とその運用に関わる機能，ⓒ協調的関係の構築に関わる機能を含む。

　代替 DSM-5 モデルでは，パーソナリティ機能における障害を，以上で述べた①同一性，②自己志向性，③共感性，④親密さの 4 種類の次元に基づいて，「ほとんどない，または，ない（健康で適応的な機能；レベル 0）」から「最重度の機能障害（レベル 4）」の 5 段階で評定する。パーソナリティ障害の診断には中程度（レベル 2）以上の機能障害が必要とされるため，この基準 A によって，パーソナリティの機能障害の重症度を評定する。この重症度が高いほど，パーソナリティの機能障害が日常生活に深刻な影響を及ぼしている状態だといえる。

　一方，基準 B では，病的パーソナリティが見られやすい特性領域を評定する。ここでは，パーソナリティ障害を特徴づける病的なパーソナリティが見られる特性領域として，「否定的感情」「離脱」「対立」「脱抑制」「精神病性」の 5 領域と，各領域に含まれる具体的な特性の側面が挙げられている（表 2）。そして，この 5 領域が，気質的特性レベルのパーソナリティの評価に頻繁に利用され，妥当性も確認されている「ビッグファイブ」または「パーソナリティの 5 因子モデル（FFM）」の各因子とほぼ対応する形で設定されている点が大きな特徴になっている。

　たとえば，病的なパーソナリティの特性領域として挙げられている「離脱」は，ビッグファイブの外向性の次元と対応しており，「離脱」の対極に「外向性」をおく 1 次元尺度として捉えることができる。つまり，表 2 に挙げたような病的なパーソナリティ特性は，通常型のパーソナリティ（たとえば，外向）の不適応的変異型であり，すべての個人は，臨床群・非臨床群の区別なく，この 5 つの特性領域の次元連続体上のいずれかに位置づけられる。そのため，この 5 つの特性領域に基づいてパーソナリティの評定を行えば，個人がどの特性領域において，とくに病的なパーソナリティを強く示しやすいかを量的に表すことができる。

②パーソナリティ障害類型

　このように代替 DSM-5 モデルでは，パーソナリティを基準 A と B の特定の次元に基づいて量的に測定する，ディメンジョナルモデル（次元モデル）の考え方が明確に導入された。この点で従来の診断モデルとは一線を画している。ただし，

表2　代替 DSM-5 モデルの病的パーソナリティ特性の5領域および特性側面（American Psychiatric Association, 2013, 翻訳書をもとに作成）

特性領域	特性領域の定義	特性側面
否定的感情 （対 情動安定性） ＊ビッグファイブの 　神経症傾向に対応	高レベルかつ広い範囲における否定的感情の頻繁かつ強烈な体験。行動, 対人関係でのそれらの出現。	情緒不安定／不安性／分離不安感／服従性／敵意／固執／抑うつ性／疑い深さ／制限された感情の欠如
離脱 （対 外向） ＊ビッグファイブの 　外向性に対応	社会情動的体験の回避（対人的相互作用からの引きこもりと, 制限された感情体験および表出を含む）。	引きこもり／親密さ回避／快感消失／抑うつ性／制限された感情／疑い深さ
対立 （対 同調性） ＊ビッグファイブの 　調和性に対応	他の人々との不和に追いやる行動（肥大した自尊心, 他者への冷淡さ, 他者感情の非認識, 他者利用を含む）。	操作性／虚偽性／誇大性／注意喚起／冷淡／敵意
脱抑制 （対 誠実性） ＊ビッグファイブの 　誠実性に対応	即座の欲求充足を求める態度。過去の学習や今後の結果を考慮せず, 現在の衝動に突き動かされる行動。	無責任／衝動性／注意散漫／無謀／硬直した完璧主義の欠如
精神病性 （対 透明性） ＊ビッグファイブの 　開放性に対応	文化的に適合しない, 奇妙な, 風変わりな, または普通でない行動および認知過程, 認知内容の出現。	異常な信念や体験／風変わりさ／認知および知覚の統制不能

代替 DSM-5 モデルでは, パーソナリティ機能のレベル（基準 A）と病的パーソナリティ特性（基準 B）の次元に基づく評価に加えて, パーソナリティ障害の6類型もあわせて提示されており, 実際の診断は従来型のカテゴリカルモデル（類型モデル）とのハイブリッドで行うことが提案されている。このパーソナリティ障害の新しい6類型はすべて現行の診断で使用されている10類型（表1）に含まれているもので, A 群からは「統合失調型パーソナリティ障害」, B 群からは「反社会性パーソナリティ障害」「境界性パーソナリティ障害」「自己愛性パーソナリティ障害」, C 群からは「回避性パーソナリティ障害」「強迫性パーソナリティ障害」が選ばれている。

　なお, 代替 DSM-5 モデルでは, 類型の診断にもディメンジョナルモデルの考え方が生かされており, その意味でハイブリッド型になっている。たとえば, 反社会性パーソナリティ障害の診断基準は, ①同一性, ②自己志向性, ③共感性, ④親密さの2つ以上の領域で中程度以上の機能障害を示すことと（A 基準）, 対立と

表3　代替 DSM-5 モデルのパーソナリティ障害（PD）の 6 類型と基準 B の対応（American Psychiatric Association, 2013，翻訳書をもとに作成）

PD の類型	基準 B：病的パーソナリティ特性の領域および特性側面				
	否定的感情	離脱	対立	脱抑制	精神病性
反社会性 PD（7 つ中 6 つ以上）			操作性／冷淡／虚偽性／敵意	無謀／衝動性／無責任	
回避性 PD（4 つ中 3 つ以上。1 つは *）	不安性 *	引きこもり／快感消失／親密さ回避			
境界性 PD（7 つ中 4 つ以上。1 つは *）	情緒不安定／不安性／分離不安感／抑うつ性		敵意 *	衝動性 *／無謀 *	
自己愛性 PD（2 つ全部）			誇大性／注意喚起		
強迫性 PD（4 つ中 3 つ以上。1 つは *）	固執	親密さ回避／制限された感情		硬直した完璧主義（脱抑制の対極）*	
統合失調型 PD（6 つ中 4 つ以上）		制限された感情／疑い深さ／引きこもり			認知および知覚の統制不能／風変わりさ／異常な信念や体験

注）＊のついた特性側面は，当該のパーソナリティ障害の診断に，最低 1 つは必要とされる。

脱抑制の領域で著しいパーソナリティの偏りが見られること（B 基準）の 2 つを要件としている。つまり，表 3 の「対立」の特性領域に含まれる「操作性」などの 4 側面と，「脱抑制」の特性領域に含まれる「無謀」などの 3 側面の内の 6 つ以上に該当し，その結果として①同一性，②自己志向性，③共感性，④親密さの 2 つ以上で中程度を超える機能不全が見られた場合，反社会的パーソナリティ障害と診断される。表 3 はパーソナリティ障害（PD）の 6 類型と，基準 B の対応関係を一覧表にしたものであり，各行を横に見ると，6 種類のパーソナリティ障害を特徴づけている病的パーソナリティ特性を端的に把握できる。

　このように代替 DSM-5 モデルは，パーソナリティ障害の類型がいまだに残されているという点ではカテゴリカルモデルに相当する。しかし，類型の診断基準となる病的なパーソナリティがすべて 5 つの特性領域ごとに整理されているため，6 類型の質的な違いは，どの特性領域の機能障害が目立つかという観点から統一

的に把握できる。以上の特徴から，現行の診断基準に比べて，パーソナリティ障害の各類型の特徴が系統的に把握しやすくなっている。

■ V　おわりに

　本章で述べたように，パーソナリティと精神疾患の関係は，臨床および非臨床群において，さまざまな形で検討されてきた。これまでに検討の対象になったパーソナリティは，おもに3つの概念レベル（気質的特性，特徴的な適応，ライフ・ストーリー）に分類可能だが，いずれのレベルにおいても，パーソナリティの機能不全と精神疾患には関連性があることが示されている（McAdams et al., 2006）。

　しかし，パーソナリティという概念の多様性が影響し，個々の研究成果が十分に統合されない状況が長く続いた。その中で，DSM-5においてパーソナリティ障害群の代替 DSM-5 モデルが提案され，これまで個別に扱われてきた病的パーソナリティ特性（たとえば，情動不安定，敵意，衝動性など）が，5種類の特性領域（次元）に沿って整理されたことは注目に値する（表2）。これは，特徴的な適応レベルのパーソナリティを，気質的特性レベルのパーソナリティとの関連性に基づいて再整理する試みの一環としても捉えることができる。

　また，パーソナリティ障害群の代替 DSM-5 モデルでは，病的パーソナリティを通常型のパーソナリティの不適応変異型と見なしており，ビッグファイブあるいはパーソナリティの5因子モデルとほぼ対応する形で5種類の病的パーソナリティの領域を設定している点も大きな特徴になっている。つまり，非臨床群のパーソナリティと質的に異なるものとして病的パーソナリティが存在しているわけではなく，共通のフォーマットによる量的な評定が可能であるという方向性が明確に打ち出された。そのため今後は，臨床および非臨床群におけるパーソナリティの機能不全を，パーソナリティ障害とは異なる文脈で検討されてきた他のパーソナリティの機能不全も含めて，共通のフォーマットで総合的に表現する動きがさらに加速していく可能性がある。

　同時に，もう一方の変数である精神疾患についても，各疾患に見られる特徴を，少数の共通次元で系統的に表現していく試みが活発になっている（Krueger et al., 2001）。このような試みの結果，パーソナリティと精神疾患の関係がより明確になり，治療および予防に役立つ知見が蓄積されていくことが期待される。

◆学習チェック
□　パーソナリティの 3 つの概念レベルについて理解した。
□　パーソナリティと精神疾患の関係を表すさまざまなモデルについて理解した。
□　DSM-5 におけるパーソナリティ障害の定義と診断基準について理解した。
□　パーソナリティ障害群の代替 DSM-5 モデルについて理解した。

より深めるための推薦図書
　　小塩真司（2014）パーソナリティ心理学．サイエンス社．
　　杉浦義典・丹野義彦（2008）パーソナリティと臨床の心理学—次元モデルによる統合．培風館．
　　林直樹・松本俊彦・野村俊明編（2016）パーソナリティ障害．福村出版．

　　文　　献

American Psychiatric Association（2013）*Diagnostic and Statistical Manual of mental Disorders,* 5th edition. American Psychiatric Association.（日本精神神経学会監修，髙橋三郎・大野裕監訳（2014）DSM-5 精神疾患の診断・統計マニュアル．医学書院．）

Beck, A.T., Rush, J., Shaw, B. F. et al.（1979）*Cognitive Therapy of Depression.* Guilford Press.（坂野雄二監訳（2007）うつ病の認知療法．岩崎学術出版社．）

Buss, D. M. & Cantor, N.（1989）Introduction. In: D. M. Buss & N. Cantor（Eds.）: *Personality Psychology: Recent Trends and Emerging Directions.* Springer, pp. 1-12.

Cervone, D. & Pervin, L. A.（2015）*Personality: Theory and Research,* 13th edition. Wiley.

Clark, L. A.（2005）Temperament as a unifying basis for personality and psychopathology. *Journal of Abnormal Psychology,* 114; 505-521.

Edward K. L.（2005）Resilience: A protector from depression. *Journal of the American Psychiatric Nurses Association,* 11; 241-243.

Harmans, H. J. M., Kempen, H. J. G. & van Loon, R. J. P.（1992）The dialogical self: Beyond individualism and rationalism. *American Psychologist,* 47; 23-33.

林直樹（2005）パーソナリティ障害—いかに捉え，いかに対応するか．新興医学出版社．

Kotov, R., Gamez, W., Schmidt, F. et al.（2010）Linking "Big" personality traits to anxiety, depressive, and substance use disorders: A meta-analysis. *Psychological Bulletin,* 136; 768-821.

Kruger, R. F., McGue, M. & Iacono, W. G.（2001）The higher-order structure of common DSM mental disorders: Internalization, externalization, and their connections to personality. *Personality and Individual Differences,* 30; 1245-1259.

McAdams, D. P.（2006）*The Person: A New Introduction to Personality Psychology,* 4th edition. Wiley.

McAdams, D. P. & Pals, J. L.（2006）A new big five: Fundamental principles for an integrative science of personality. *American Psychologist,* 61; 204-217.

Morgan, T. A. & Zimmerman, M.（2018）Epidemiology of personality disorders. In: J. Livesley & R. Larstone（Eds.）: *Handbook of Personality Ddisorders,* 2nd edition. Guilford Press, pp. 173-196.

浮谷秀一（2013）パーソナリティ研究の歴史的変遷．In：二宮克美・浮谷秀一・堀毛一也ら編：パーソナリティ心理学ハンドブック．福村出版，pp. 2-14.

Vize, C. E., Lynam, D. R., Collison, K. L. et al.（2018）Differences among dark triad components: A meta-analytic investigation. *Personality Disorders: Theory, Research, and Treatment*, 9; 101-111.

索　　引

執筆者一覧

杉浦義典（すぎうらよしのり：広島大学大学院人間社会科学研究科）＝編者

国里愛彦（くにさとよしひこ：専修大学人間科学部）
坂上裕子（さかがみひろこ：青山学院大学教育人間科学部）
長谷川　晃（はせがわあきら：国際医療福祉大学赤坂心理・医療福祉マネジメント学部）
伊藤正哉（いとうまさや：国立研究開発法人国立精神・神経医療研究センター認知行動療法セン
　　ター）
及川昌典（おいかわまさのり：同志社大学心理学部）
高橋伸幸（たかはしのぶゆき：北海道大学大学院文学研究院）
佐藤　徳（さとうあつし：富山大学学術研究部人文科学系）
川本哲也（かわもとてつや：国士舘大学文学部）
横田晋大（よこたくにひろ：広島修道大学健康科学部）
山口陽弘（やまぐちあきひろ：群馬大学大学院教育学研究科）
竹林由武（たけばやしよしたけ：福島県立医科大学医学部）
高比良美詠子（たかひらみえこ：立正大学心理学部）

監修　野島一彦（のじまかずひこ：九州大学名誉教授・跡見学園女子大学名誉教授）
　　　繁桝算男（しげますかずお：東京大学名誉教授・慶應義塾大学）

編者略歴
杉浦義典（すぎうらよしのり）
広島大学大学院人間社会科学研究科准教授。
2002 年，東京大学大学院博士課程教育学研究科総合教育科学専攻修了。博士（教育学）。

主な著書：『他人を傷つけても平気な人たち─サイコパシーは，あなたのすぐ近くにいる』（河出
　　　書房新社，2015），『アナログ研究の方法』（新曜社，2009），Relation between daydreaming
　　　and well-being: Moderating effects of otaku contents and mindfulness（ 共 著，*Journal of
　　　Happiness Studies*, 2019）ほか

公認心理師の基礎と実践⑨ ［第 9 巻］
感情・人格心理学

2020 年 5 月 10 日　初版発行
2022 年 10 月 10 日　3 刷発行

監 修 者　野島一彦・繁桝算男
編　　者　杉浦義典
発 行 人　山内俊介
発 行 所　遠見書房
製作協力　ちとせプレス（http://chitosepress.com）

〒 181-0002 東京都三鷹市井の頭 2-28-16
株式会社　遠見書房
TEL 0422-26-6711　FAX 050-3488-3894
tomi@tomishobo.com　https://tomishobo.com
遠見書房の書店　https://tomishobo.stores.jp/

印刷　太平印刷社・製本　井上製本所

ISBN978-4-86616-059-7　C3011

※心と社会の学術出版　遠見書房の本※

遠見書房

全巻刊行！完結！

公認心理師の基礎と実践 全23巻

監修（九州大学名誉教授）**野島一彦**・（東京大学名誉教授）**繁桝算男**

最良の実践家・研究者による公認心理師カリキュラムに沿った全23巻のテキスト・シリーズ！各2200円～3080円

❶公認心理師の職責 ◇ 野島一彦（跡見学園女子大）／❷心理学概論 ◇ 繁桝算男（慶応義塾大）／❸臨床心理学概論 ◇ 野島一彦ほか／❹心理学研究法 ◇ 村井潤一郎（文京学院大）ほか／❺心理学統計法 ◇ 繁桝算男ほか／❻心理学実験 ◇ 山口真美（中央大）ほか／❼知覚・認知心理学 ◇ 箱田裕司（京都女子大）／❽学習・言語心理学 ◇ 楠見 孝（京都大）／❾感情・人格心理学 ◇ 杉浦義典（広島大）／❿神経・生理心理学 ◇ 梅田 聡（慶応義塾大）／⓫社会・集団・家族心理学 ◇ 竹村和久（早稲田大）／⓬発達心理学 ◇ 本郷一夫（東北大）／⓭障害者・障害児心理学 ◇ 柘植雅義（筑波大）ほか／⓮心理的アセスメント ◇ 津川律子（日本大）ほか／⓯心理学的支援法 ◇ 大山泰宏（放送大）／⓰健康・医療心理学 ◇ 丹野義彦（東京大）／⓱福祉心理学 ◇ 中島健一（愛知学院大）／⓲教育・学校心理学 ◇ 石隈利紀（東京成徳大）／⓳司法・犯罪心理学 ◇ 岡本吉生（日本女子大）／⓴産業・組織心理学 ◇ 新田泰生（神奈川大）／㉑人体の構造と機能及び疾病 ◇ 斎藤清二（立命館大）／㉒精神疾患とその治療 ◇ 加藤隆弘（九州大）ほか／㉓関係行政論 ◇ 元永拓郎（帝京大）［名前は筆頭編者，所属は刊行時］

混合研究法の手引き
トレジャーハントで学ぶ
研究デザインから論文の書き方まで
　　　マイク・フェターズ／抱井尚子編
優れた研究論文を 10 のポイントを押さえて読み解くことで，混合研究法を行うためのノウハウがよく分かる。宝探し感覚で学べる入門書。2,860円，B5 並

あたらしい日本の心理療法
臨床知の発見と一般化
　　　　　　　池見　陽・浅井伸彦 編
本書は，近年，日本で生まれた 9 アプローチのオリジナルな心理療法を集め，その創始者たちによって，事例も交えながらじっくりと理論と方法を解説してもらったものです。3,520 円，A5 並

「新型うつ」とは何だったのか
新しい抑うつへの心理学アプローチ
　　　　（日本大学教授）坂本真士 編著
新型うつは怠惰なのか病いなのか？　この本は，新型うつを臨床心理学と社会心理学を軸に研究をしたチームによる，その原因と治療法，リソースなどを紐解いた 1 冊。2,200 円，四六並

公認心理師基礎用語集　改訂第 3 版
よくわかる国試対策キーワード
　　　　　　松本真理子・永田雅子編
試験範囲であるブループリントに準拠したキーワードを 138 に厳選。多くの研究者・実践家が執筆。名古屋大教授の 2 人が編んだ必携，必読の国試対策用語集です。2,420 円，四六並

価格は税込みです